叙事类写作教学的守正与出新

谢国荣◎著

中国民族文化出版社

北 京

图书在版编目（CIP）数据

叙事类写作教学的守正与出新 / 谢国荣著 . -- 北京：
中国民族文化出版社有限公司，2024.5

ISBN 978-7-5122-1877-2

Ⅰ . ①叙… Ⅱ . ①谢… Ⅲ . ①作文课—教学研究—中
小学 Ⅳ . ① G633.342

中国国家版本馆 CIP 数据核字（2024）第 087900 号

叙事类写作教学的守正与出新
XUSHI LEI XIEZUO JIAOXUE DE SHOUZHENG YU CHUXIN

作　　者	谢国荣
责任编辑	王　华
责任校对	李文学
装帧设计	人文在线
出 版 者	中国民族文化出版社　地址：北京市东城区和平里北街 14 号
	邮编：100013　联系电话：010-84250639　64211754（传真）
印　　装	三河市龙大印装有限公司
开　　本	710mm×1000mm　16 开
印　　张	14
字　　数	180 千字
版　　次	2024 年 9 月第 1 版
印　　次	2024 年 9 月第 1 次印刷
标准书号	ISBN 978-7-5122-1877-2
定　　价	68.00 元

前　言

　　本书不是叙事类写作教学的特例个案，也不是解决叙事类写作教学的独门偏方，而是经过近 10 年探索实践，针对义务教育阶段叙事类写作教学，总结出的一些突破常规教学途径的新经验。

　　书中的写作教学理念并非标新立异，但与当前写作教学中的常见教学思路和方法绝不相同，甚至会颠覆大多数人对叙事类写作教学的认知。它是建立在权威写作理论基础上的符合学情、符合教学规律的探索，是真正的守正创新。

一、写作何以与生活绝缘?

　　对于叙事类写作教学的探索，我常自嘲是"久病成医"——因为我曾经也是叙事类写作的"受害者"，至今仍对初中阶段绞尽脑汁编故事的痛苦经历记忆犹新。因此，我在进行这项研究的时候，往往会不由自主地站在学生的立场去发现问题、思考问题，并从教学者的角度寻求出路。同时，作为一线初中语文教师，我也获得了比较多的教研资源和广阔的实践平台。

　　还记得 18 年前，我刚刚入职，便接下了担任学校文学社指导老师的重任。虽然文学社的学生写作基础较好，但依然有我当年遇到的困惑。他们的作品虽语言流畅，主题鲜明，结构完整，布局精巧，但缺乏生活气息，鲜有真情流露。学生也总是偷偷告诉我：文章里很难有一件真事，他们甚至讨厌写作。他们的写作几乎完全脱离鲜活的生活，几乎所有的作文都是为了完成老师布置的任务——这不是真正的写作。

我意识到这是一个非常严峻的问题。

面对基础较差的学生，我们对写作教学中出现的问题尚有借口，但如果连写作能力较强的学生也无法走向真正的写作，无法用文字来表现自己的生活，表达自己的所感所思，那只能说明我们的教学有问题了。

于是，我开始思考：写作何以与生活绝缘？这个问题在我的脑海里盘旋了 10 年。我很想弄清楚：究竟是我们的生活配不上写作，还是我们的写作自绝于生活？

从平时阅读的叙事类文学作品中，我们不难发现，名家笔下的琐碎生活场景比比皆是，有些文字虽浅淡舒缓，但总能直抵人的心灵，让人难以忘怀。生活从来都拥有不同的美：有春花秋月的雅致，也有柴米油盐的人间况味，就如同端午的鸭蛋，在汪曾祺笔下，承载着先生对儿时生活的怀想、对故乡的热爱，充满童真童趣，读来兴味盎然。为什么到了我们这里，一枚鸭蛋就只是极其普通的下饭菜，难登作文"大雅之堂"？

所以，我们要反思的问题只有一个：叙事类写作教学，是如何让学生的写作自绝于生活的？只有充分了解了问题的症结，才能够对症下药，将孩子们的写作与生活重新联系起来。

这便是这本书要解决的核心问题了。

二、"场景"是否没有"情节"重要？

叙事，有两种常见的叙述形态，其一为"情节"，其一为"场景"。传统的叙事写作往往偏向于情节化叙事，执着于故事情节的完整。从学生接触叙事时起，我们就不断强调"叙事六要素"：时间，地点，人物，事情的起因、经过、结果，要求学生把事情的前因后果说清楚。

在这样一种叙事观的引导下，学生的叙事写作遭遇了许多困厄，其中最为突出的就是"无事可述"——学生在第一步的时候就遇到了无法跨越的鸿沟，继而步步维艰。但在教学中，面对学生遭遇的这种困厄，我们却鲜能有效作为。而另一种叙事形态——"场景"，却得不到应有的重视。很多一线教师在谈到"场景"时，固执地认为"场景"只能作为作文片段，无法支撑整篇的写作，却忽略了我们接触的大部分散文都是场景的刻画，极少情节铺叙。

经过 10 余年的实践，我充分认识到，只有改变了叙事观，将场景作为叙事的基本单位，我们才有可能将叙事写作教学一步一步带出泥沼。本书以"叙事类写作教学的守正与出新"为主题，就是想打破我们一贯主张的情节化叙事模式，以场景刻画作为初级阶段叙事写作教学的主要内容。

三、叙事类写作教学的"破旧""守正""出新"

在结构上，本书分为三章。

第一章是叙事写作教学的"破旧"。不能否认，我们当前尚处于叙事类写作教学的低谷地带，"少慢差费"让人对写作教学深感无力。所谓"破旧"，是指破除日常写作教学中存在的陈旧的、不科学的认知和实操方法，主要针对当前普遍存在的情节化叙事观及在其倡导下衍生出的种种看似合理却极不科学的教学行为。

此部分内容从"叙事""选材""立意"三个重要概念入手，结合当前写作教学的常规做法，深度剖析实践背后的逻辑漏洞，寻找当前叙事类写作教学低效甚至无效的根源。我们旗帜鲜明地反对情节化叙事，甚至大胆地对"选材""立意"教学进行理性批判，志在打破那些因循守旧的教学思路和方法，以树立新的叙事写作观。

第二章是叙事写作教学的"守正"。本章着重探讨写作及写作教学理论，为写作教学走出困境寻求理论支持与方向指引。本章试图厘清一个问题：如果情节化叙事观是写作教学困局的元凶，那么场景化叙事能否真正帮助写作教学走出困境？很显然，这里谈论的不是一个典型个案，而是一个新的叙事类写作教学体系的建构，所以不能局限于展示某一课例的成功，而是应着眼于写作的本质特征和学情需求，在根本上解决问题。为了让论述更加周密全面，本章不仅关注某一领域、某一层面的权威理论，还更多关注与写作教学相关的多个领域、多个层面的权威理论，并力求在各领域、各层面理论的相互印证与有效融合的基础之上，构建初中叙事类写作教学的新框架。本章立足于对写作教学根本的有效探究，析出写作教学可行有效的七大支撑，并试图由此入手，分别论证场景化叙事的科学性、合理性和可行性。

　　第三章则是叙事写作教学的"出新"，即在正确理论指导下，如何进行新的叙事类写作教学实践，并由此形成有效的教学案例，这才是我们在写作教学上真正有意义的尝试。本部分内容总结了近几年的一些有代表性的写作教学案例，展示了如何在常规的教学条件下，以有效的教学手段在写作上给予学生一些实实在在的帮助。本章也收集了少部分下水作文和学生习作，大家可以从这些稚嫩的文字里，看到在叙事写作教学下学生习作呈现出来的新气象。

谢国荣

2023 年 8 月 26 日

目　录

第一章
Chapter 1

破旧： 认识应试写作视野外的生活实际

　　有很多事情、很多道理，乍一看精妙，再一看却有点儿问题，仔细一看便不合逻辑了。我们当前的写作教学中就存在着大量这样似是而非的观点，但大家却在教学实践中沿用并遵循这些观点，乐此不疲。

　　我们中国有一句老话，"早起的鸟儿有虫吃"。后来，有些聪明人就把它调转过来——"早起的虫儿被鸟吃"，让人觉得耳目一新：一个鼓励人们早起，一个为自己赖床找借口，妙不可言。

　　但真的是这样吗？早起的虫子被鸟吃合理吗？

　　可能很少有人会这样发问，因为一个吃，一个被吃，二元对立，不需要质疑，不值得探讨。但是，我们不妨先冷静一下："早起的鸟儿有虫吃"，其实还有下一句没有言明的话——"晚起的鸟儿没虫吃"。如果另外两句话按照聪明人的逻辑进行同步转变，那就成了"早起的虫子被鸟吃，晚起的虫子不被吃"，于是其逻辑的荒谬性就暴露出来了。鸟儿有早起的，有晚起的，当它要抓虫子时不会考虑虫子有没有起。甚至，早起的虫子面对的是早起的鸟儿，晚起的虫子面对的是全部鸟儿，那么晚起的虫子比早起的虫子被吃的概率还要大。

在这一章中，我们就对这些在写作教学中似是而非的引用和逻辑进行剖析，找出它们不合理的地方，深挖当前写作教学低效、无效的原因。只有找准根由，才有可能对症下药，找到解决的路径。

当然，大多数教师都是在当前的写作教学体系内成长起来的，要突破认知壁垒并不容易。所以，我们只能放下成见，冷静思考，不随波逐流，以一种敢于怀疑一切的勇气和打破砂锅问到底的执着，尝试着动摇一下我们惯常的做法。同时，我们也应注意，在尝试的过程中不要钻牛角尖，以诡辩强占一隅，而是要努力厘清常规教学内容的内在逻辑和外延关联，进而探讨这样的教学内容和教学形式是否合学理、合规律、合学情。

第一节　平淡琐碎的生活，跌宕起伏的故事

一、生活与写作的供需矛盾

通常，大家在说"这是一个有故事的人"时，都带着一种调侃的语气。因为生活本身是平淡的，"有故事"意味着一个人的生活脱离了平淡，出现了一些供人茶余饭后消遣的谈资，或经历了一些大的坎坷曲折。所以，可以这样理解，"有故事"并不是普通人的生活常态。

"故事"二字在搜索引擎的词条中主要有三条注解：其一，旧日的行事制度；例行的事。其二，真实的或虚构的用作讲述对象的事情，有连贯性，富有吸引力，能感染人。其三，文艺作品中用来体现主题的情节。上文提到的"故事"，多指第二条注解。而在阅读中，"故事"则主要指向第三条注解。在义务教育阶段叙事类写作中，"故事"则多指真实的、用作讲述对象的事情，并且要有连贯性，富吸引力，能感染人。

探讨这个话题主要有两个原因：第一是写作要力求真实，要在生

活中寻找素材，这在《义务教育语文课程标准（2022年版）》（以下简称《标准》）中有明确表述；第二是写作文要有连贯的情节，要富于吸引力，要能感染人，这是对学生写作叙事作文的要求。所以，写作者要在生活中寻找有连贯性、富有吸引力、能感染人的素材来完成写作任务。

这样一来，生活中必须有故事，才能解决写作的根本问题——有事可述。那么，我们就不得不面对一对难以调和的矛盾：生活中"故事"太少，但写作却要求我们叙述的故事来自真实的生活。所以，学生也就犯了难：写吧，没事可写；编吧，不符合要求。这就导致出现了这样尴尬的写作现状——生活有声有色，作文无事可写。

对于这种尴尬的处境，教学中却少有人去反思原因，而是在学生写出平淡无奇或胡编滥造的作文时，武断地归咎于学生的经历太少了，或是学生太不会观察生活了。

二、义务教育阶段学生"故事"组织能力的欠缺

生活中当然有"故事"，但往往都不是那么引人注目或充满曲折，所以难以进入我们的写作视野。

"故事"情节在本质上是一种因果关系。如果它是即时的、符合逻辑的，往往就没有供读者品味的价值，即便被叙述出来，也难以达到写作的审美要求。比如，全红婵在奥运会跳水比赛中表现出色，裁判给出满分，这其实就是一个因果联系。但是，这种因果关系太过浅白，并不曲折，几乎没有可述说的空间。如果这种因果关系不是即时的，那就需要进行深度调查、全面了解、归纳提炼，然后才能被梳理出来，比如通过了解全红婵的家庭背景、性格特点、训练状态、临场表现，甚至她教练团队的付出等，就能梳理出她获奖的原因。这样的因果联系自然大有述说的空间，读者也很期待看到这样的叙事作品。然而，这个调查、了解、

梳理、归纳的过程并不简单，在学校的写作教学现状下，中小学生一般难以胜任。

即便是自己的故事，如果原因和结果并非即时相连，时空的跨度、逻辑的隐匿也会给学生的认知和述说带来极大困难。因为，理性分析本身就是少年儿童极其缺乏的能力，他们的认知往往只局限于当下，更容易感性地去体会生活的酸甜苦辣，而对往日在零碎细琐中埋下的伏笔难以领会，甚至也很难理性地面对第三方代劳的分析成果。比如，教师或家长帮助孩子分析学习成绩不理想的原因，很难得到孩子本人的认同。

按照我们通常的理解，但凡能够称得上"故事"（特别是精彩的故事）的，其实并不是生活的原始形态或者说直观形态，而往往是经过人为梳理加工的人文作品。所以，我们阅读人物传记时就会发现，大部分传记类叙事作品的故事性都不强；而故事性强的小说则多以虚构情节为主，即便"源于生活"，也必定"高于生活"。

所以，生活中的"故事"不多，且难以进入学生的叙事视野。

三、认清生活的直观形态

那么，生活到底是以什么样的形态呈现在我们眼前的呢？

外在的客观世界以时间推移为轴，连续不断地呈现并发生变化。其形、色、质、声、气、味等各种信号被人的感觉器官所感知、过滤，由此在大脑中形成了外在世界的心理图景。作为客观存在的外在世界，则是根据自身的变化规律，不加选择、不间断地向观察者输送信息；而作为个体的信息接收者，我们则是根据自己所处的时空、心理期待、行为经验等对外在信息有限地、有选择性地接收。

说得通俗一点儿，生活就像是东流的水，人就如逆流而上的鱼，人与生活的相遇总是在某一具体的时空。时间推移，空间变换，人所感知到的生活图景就发生了变化。而这种变化有时候全无逻辑可言，纯粹就是时间、空间的变化带来的感知变化。比如，我们在餐厅吃了饭，然后坐到客厅的沙发上看电视，这两者连贯着，但是不存在因果上的关联，只是时间上的先后推移和空间上的即时转换。

所以直观地说，在大多数人眼中，生活就是以这样零零碎碎的场景无缝拼接而成的。就像胶片电影一样，一帧一帧地连缀在一起，而这一帧与下一帧之间的关联就是时间的推移和空间的转换。可以说，我们生活的直观形态就是零碎的、繁杂的影音集合，它是由一个一个相对独立的立体图景按照时间顺序排列组合而成的，它们之间未必存在因果逻辑。

当然，我们也可以以时间、空间及人物活动的显著变化为节点，将它们切分成一个一个相对稳定的场景，比如一堂语文课、一次有趣的课间活动、一顿温馨的家庭晚餐、一次掏心窝儿的促膝长谈……这就像我们的舞台剧一样，将某一连贯的时间内、某一稳定的空间内发生的人物活动独立为一幕，也就是一个稳定的场景。这些场景可以缩小素材的选摘范围，帮助我们真正找到可用的写作内容。

我们弄清楚了生活到底是以怎样的形态出现的，就可以进一步发现写作是如何主动脱离我们的生活实际的，也可以学会选摘一些可作为写作素材的场景。

四、"叙事"的通俗理解是否合理

我们在解释一个词语的时候有一个约定成俗的习惯，那就是拆字组词。这种解词方法当然有些道理，但是也有一些例外，特别是对于一些专业术语，其学术的规范性和严谨性，往往不是分而解之就可以的。就比如"语文"二字，为了弄清楚"语文"的内涵到底是什么，我们曾经就这个词的解释争论不休，如"语言"与"文字"、"语言"与"文学"、

"语言"与"文章"、"语言"与"文化"等，众说纷纭。而随着专家学者研究的深入，上述分而解之类的解读被推翻了，逐渐形成了更为精准、更为严谨的定义，语文教学的方向也随之不断调整。

不过，当提出重新解读"叙事"时，不免也要遭到很多质疑。因为"叙事"就是"叙述一件事"，几乎就如同"唱歌"就是"唱一首歌"一样，天经地义，不值得去推敲含义。

事实上，"叙事"属于专业术语，但是我们并没有对它做出严谨而科学的界定。大部分一线教师只能按照"叙述一件事"来理解，并以此指导自己的教学工作。将这个通俗解释进一步展开："叙述"为动词，有"讲述""叙说"的意思。这也是一个专业词汇，它是一种表达方式，与描写、议论、抒情并列，在写作中，作者用它来展开情节，交代人物活动和事件经过。"叙述"的基本特点在于陈述"过程"，即人物活动的过程、事件发生变化的过程。"一件事"作为"叙述"的宾语，是叙述的对象。"件"作为量词，包含"完整"的意思，"一件事"在我们的理解中应该是一个完成的情节，即起因、经过、结果，是一个完整的因果逻辑链。这也与叙事六要素——时间、地点、人物，以及事情的起因、经过、结果——是相吻合的。如此看来，我们对叙事的理解似乎没有问题。

但是，叙事真的就是"叙述一件事"吗？这样通俗的解释到底能不能严谨地界定"叙事"？有没有值得商榷的地方？在还没有接触到它的权威界定之前，我们可以先用实证的方式去检验它的正确性，不妨从初中语文教材中抽取几篇叙事类文章作为标本，然后按照普遍意义上对叙事的理解对抽取的标本文进行分析，确定其是否具备"一件事"包含的基本要素，以此来检验这种界定是否全面、准确、严谨。

比如，课本中的《羚羊木雕》一文。文中的"我"将木雕送给最好的朋友万芳，被父母发现，然后"我"被逼着去找万芳要回木雕，最终木雕被要回来了，却伤害了朋友间的感情。这几个情节上确实是按照起因→经过→结果的因果关系联系在一起的，时间、地点、人物，以及事情的起因、经过、结果都很清晰，"叙事"确实可以是"叙述一件事"。

又如，鲁迅先生的《从百草园到三味书屋》，作者叙述了自己在百草园的童年生活和在三味书屋的少年生活，这两部分作为文章的主体，如果照我们"叙事"就是"叙述一件事"的理解，二者应该能形成因果联系才对。作者以儿童视角在过渡段确实也道出了类似的因果关系："也许是因为拔何首乌毁了泥墙罢，也许是因为将砖头抛到间壁的梁家去了罢，也许是因为站在石井栏上跳了下来罢，……都无从知道。"可显然，这是儿童的内心独白，并不是二者之间真正的因果关联。或者说，作者是在叙述两件独立的事，但我们也很难从两节中分别理出"起因→经过→结果"来。即便是经典片段"雪地捕鸟"，也实在没有必要去探求其"原因""结果"。看来，《从百草园到三味书屋》的叙事并不是"叙述一件事"，也不是"叙述几件事"，鲁迅先生只是截取了自己记忆中的几个生活场景，借此回顾自己在百草园、三味书屋的难忘时光，表达自己对过往的深切怀念（或者也包含着理性批判，在此不做议论）。

从这两篇标本文来看，"叙事"就是"叙述一件事"的通俗解释只适用于其中的一种叙事形态。叙事应该还有其他形态。

但是，我们经常会发现，当一篇叙事类文章能够以"起因→经过→结果"或者"开端→发展→高潮→结局"的框架来梳理时，绝大部分教师会用它来引导学生梳理文本。当一篇文章无法照此套路来梳理时，大部分教师会选择情感变化线或者其他线索来梳理文章，而对这种不一样的叙事结构避而不谈。

根据我们的阅读经验，"叙述一件事"的叙事形态在散文中，特别是在基于真实生活的回忆性散文中并不多见。名家散文的叙事逻辑更多地依仗内在情感上的统一与变化，而不是情节之间的因果关系。但是，在

"叙述一件事"的惯性导向下，有的教师强行以叙事六要素去框套叙事类文章，从而导致赏析作品时出现偏差。例如，教学朱自清先生的《背影》，有些教师在进入梳理行文思路、整体把握文意环节时，就引导学生去梳理"起因→经过→结果"，甚至是"开端→发展→高潮→结局"。虽然"回家奔丧→车站送别→父亲买橘→理解父爱"看上去似乎是一个情节链，但事实上，回家奔丧、父亲赋闲、变卖典质等惨淡家境主要是交代送别一事的背景，在情感上进行铺垫，而不是在情节上做因果关系的交代。祸不单行的家庭变故与父亲跨过铁路去买橘子不存在逻辑上的因果联系，我们不能说父亲是因为遭遇家庭变故才放下身段跨过铁路去买橘子的。至少，作者行文重点的呈现不在于二者之间的逻辑关系，而在于父亲在经受丧母之悲、赋闲之痛后依然不顾艰难、细致入微地为儿子打点行程，这正是深沉父爱的承载点。作者在亲人离世、家境颓唐的悲戚中，与父亲的情感同步同频，也更能够真切地感受父亲的悲与痛，理解父亲的慈与爱。如果我们只是把"回家奔丧→车站送别"作为父亲买橘的情节上的准备，就无法理解父亲的背影对"我"的触动如此之大，印象如此之深，更无法理解作者何以选择这个在普通人看来极其平常的场景来表现主题。

五、通俗解析对写作教学的误导

毫不夸张地说，通俗化的解读——"叙事"就是"叙述一件事"（要求具备叙事的诸要素），在很大程度上误导了叙事类写作教学的方向。

在小学阶段，阅读选文以小故事（童话、寓言等）为主，生动的情节是吸引学生、激发学生阅读兴趣的主要元素。大量小故事的阅读教学让教师在写作起始段就不断强化情节述说，对学生写作的要求就是把一件事情的起因、经过、结果交代清楚。到了初中，教师在教学中开始强调细节描写，强调画面感，但只是把它们作为整个事件发展过程中的一个局部，甚至细枝末节来处理。因此，在叙事类写作教学中，大部分教师对塑造故事情节的引导和要求单一而持久地存在着，这大大限制了学生的写作思路，将学生对叙事类写作的构思牢牢地禁锢在对故事情节的交代和打磨中，让叙事写作进入了死胡同。

正是对于叙事形态把握模糊不清，才导致了教师在叙事类写作教学中以"叙事就是叙述一件事"的通俗理解作为导向，一味强调叙写故事情节，进而各出奇招，在情节完整流畅的基础上，甚至要求学生学会创设波澜，将情节塑造得曲折离奇，引人入胜，让学生的叙事类写作越来越偏离正确的轨道。很多教师还总结了"悬念法""误会法""铺垫法""逆转法""抑扬法""巧合法""欲擒故纵法"等写作法宝。但是，很明显，这些所谓的方法绝大多数都是通过阅读文本归纳提炼出来的，并且分类也不清晰，比如"误会法""巧合法""逆转法"等属于情节内容层面，是塑造情节的；而"悬念法""铺垫法""抑扬法""欲擒故纵法"等属于表达形式层面，是叙述技巧。在课堂上，教师大多按照课堂容量，从中选择四五招，一一解释并配以相应的例文。从所选招数来看，大部分教师还停留在"看到一文""总结一招""运用一招"的阶段，没有考量学情适应性，更没有形成严谨的体系。也就是说，大部分教师在课堂上传授的波澜创生法，只是从几个案例中提炼出来的方法，覆盖面极其有限，很多技法并不适用于学生基于生活的写作实践。

是什么样的力量驱动了这种离谱的叙事写作教学追求？

清代袁枚《随园诗话》云"文似看山不喜平"，意思是写文章好比观赏山峰，要奇势迭出，最忌平淡无奇。也就是说，在阅读感受上，波澜更能激发读者的阅读欲望，有利于阅读快感的获得；而过于平淡会让读者失去阅读兴趣。

于是，大家习惯性地认为，优秀的叙事作文就应该情节波澜曲折，最好是情节能够"出人意料之外，又在情理之中"，这样才有看头。武侠、言情类小说也正是倚仗这一点，让人爱不释手，废寝忘食。但"波澜"真的是我们初中叙事类作文必须具备的吗？

我认为，这种阅读快感引带下的审美评价是否客观、是否理性还要打上一个大大的问号，如果将这种阅读快感作为衡量学生作品的标杆似乎更加值得质疑。进而言之，如果以此标杆来引领学生的写作，或者干脆作为写作教学的要求，就要经过更为严苛的学理分析和实操论证，否则，实在是一种不负责任的行为。

所以，在确定这一审美标准之前，我们还应该思考三个问题：第一，这一审美标准是否符合《标准》对中学生写作的要求；第二，这一审美标准是否适用于当下学生叙事类写作的文学体裁特点；第三，这一审美要求是否处在中学生写作的最近发展区之内。

这里不妨给大家留一点儿思考的空间，在第二章的"理论支撑"部分将进一步探讨这个问题。

综上所述，我们习惯把叙事通俗化地理解为"叙述一件事"，形成了重情节化的叙事主张，并把它通过日常写作教学和作文评价等形式传递给学生，无形中引导学生在选择叙事素材的时候，把所有目光都集中在一个完整而典型的故事情节上。但是，学生日常生活中缺乏相应的故事型素材，这就给他们的写作造成了第一个难以跨越的障碍。同时，生活呈现的直观形态无法满足写作需求，也无法进入学生写作视野，让写作与生活就此脱节。

所以，在寻找到叙事类写作教学正途之前，科学而严谨地理解写作教学中的"叙事"内涵，尤为重要。

六、"情节"写作教学困境

对学生叙述故事情节的能力的训练是否重要？答案是肯定的。但是笔者依然认为，目前我们对提升学生塑造故事情节能力的教学研究不够深入，教学路径不明，导致所花费的精力和时间远远超出了它本身的价值。

塑造故事情节的能力可以大致从两个层面来分析。

一个是表达形式层面，即如果一个真实的情节发生在眼前，我能不能用语言表达出来，说清楚原委，写清楚经过、结果，这就是语言表达技能。这项技能当然很重要，但是针对它的教学空间大不大、教学价值高不高，则需要我们更加理智地加以判断。

第一，我们的学生，特别是初中学生，要把一件事情说清楚，不管是口头表达，还是书面表达，其实障碍都不是很大。对于这一点，我们通过观察学生就可以看到，即便是成绩不理想的学生被要求写一份检查，尽管写作质量上会有参差，但大多能把事情的前因后果说清楚。这说明，学生叙述"情节"的能力未必像我们想象的那么差。第二，我们能不能依靠写作教学和训练将学生叙述情节的能力提升上来，这也很值得我们思考。形式与内容属于一体两面的关系，针对表达技能教学的前提是要具备既定的表达内容（也就是情节内容），就好比我们拍照，首先要有拍摄的对象。但是，我们在写作教学中对于"情节"素材的要求不能老生常谈，要有新意，要写别人没有写过的内容。也就是说，我们写作教学目前只能提供标准，无法提供统一的内容。如此，我们针对学生叙述能力的教学和训练自然也就无法聚焦并落实。第三，学生其实具备了一定的叙述故事情节的能力，大部分学生还是"能够把一件事情讲清楚"的。这种能力大概率并不是靠我们的教学和训练培养起来的，而是学生在日常生活中，迫于交流表达的需求而自然习得的。在生活中，人们有许多小事需要跟他人分享，要按照事件的先后顺序，组织语言将它表达出来，其实这就是叙述情节的能力。但是可惜的是，生活中这些小事却因为意义蕴含达不到我们作文的言说标准，而无法进入我们的写作视野。所以归根结底，学生叙述情节能力的表现不能尽如人意，关键也许不在表达技能，而在于缺失了表达的内容，表达技能训练也会因此受到限制。

另一个就是表达内容层面，即教学能够帮助学生创生情节。情节内容更多地指向作者的阅历水平，学生阅历有限，生活中的故事情节本来就不多，如果按照写作要求，故事"情节"要有因有果，有波澜，有矛盾冲突，还要价值深刻，内涵丰富，这样的素材就更为稀缺了。学生即便有这样的经历，但能不能发现并主动去写作，也需要我们审慎地去思考。生活中的因果关系并不像影视中的那样，在连续的时空内以单质的形态呈现。很多时候，某一因果联系跨越了很长的时间和很大的空间，并且其中夹杂的大量生活琐碎之事掩盖了这种因果联系，混淆我们的视线。成熟作者能够在纷繁混杂的生活现象中梳理并提炼出一条清晰的逻辑链，以此展示自己对生活的思考和感触，这应该是基于他们的过人智慧和长期训练。更有甚者，天才作家即便是没有经历过某种生活，也可以虚构出引人入胜的情节。而作为非专业的写作者——学生，他们更多的是叙述生活，表达自己的微观感悟。义务教育阶段的写作教学是不是应该更理智地立足于这个基本学情，区分阅读审美与习作审美的标准，让教学更加有利于学生写作能力的进步？这些都是亟待思考和解决的事项。

第二节　有声有色的生活，无材可选的困惑

一、"选材"的前提是"有材"

以初中阶段叙事类写作教学为例，关于素材的教学基本上都集中在"选材"上。教学时一般提供相应的标准或者方法，大致包括紧扣主题、真实、典型、新颖、有意义、小角度等。教学目标一般会指导学生"应该选择这样的素材"或者"应该这样选择素材"。教学方法大体上有阐释标

准、提供样板、随堂练笔等，而后则经过反反复复强调、练习，甚至不断在阅读教学中进行读写渗透。可学生每到写作时，缺乏素材仍是最大的问题，导致写出来的文章依旧是老生常谈、胡编滥造、流水账、扣题不准等。

那么，什么是"选材"呢？

"选材"，顾名思义，就是指如何选择合适的素材来构筑篇章。"选材"既不是生成素材、挖掘素材，也不是积累素材，而是选用素材。也就是说，我们教学时其实是假设学生已经储备了丰富的素材，接下来要做的是告诉学生如何按照文章主题的需要去遴选材料，完成写作。从"选材"类教学实践中，我们也确实只能看到教师制定的遴选标准。这些标准都是他们从所阅读的大量优秀作品中提炼出来的，如围绕主题、贴近生活、以小见大等，然后呈现给学生，告诉学生应该怎样选择。这实质上是一种"泛中选精"或者"粗中选优"，但大多数学生写作的实际困难是"从无到有"，因为他们本来还没有完成自己的素材积累，我们实施教学的假设性前提并不成立。

更进一步理解，"选材"本身包含两个隐性前提：第一，学生积累了一定的素材，即学生有可选之内容；第二，所谓"合适"是针对立意而言，指在既定的文章主题或中心框架下，按照主题或中心的需求来选择恰当的材料，即学生须有选择的依据。而这两个隐性前提正是考场作文"选材"的考查对象。

二、"选材"的应试取向与狭隘的教学目标

写作的本质是用文字表达自己的所见、所闻、所思、所感，如《文心雕龙》所言"情动而辞发"，即先内心有所触动，而后才有文字表达。内心的触动必定来源于外在世界（客观信息）的刺激，这也是写作的真正来源。而这种外在世界的信息恰恰就是素材，它正在发生或者已经发

生，除了接收或忽视，不存在其他选择空间。当你选择接收，情感被触动，觉得有必要记录它并表达出自己的体验或思考时，还要整理提炼，才能让主题形成。

但是，这种写作程序在一个特定背景下会发生改变，也就是既定主题的写作——比如要做主题演讲，那么就要围绕主题拟写演讲稿；要为某产品做宣传，就要根据该产品的特性写广告词；等等。因为文章主题已经被框定，所以作者就要在既定框架内选择角度，搜集素材，进而布局谋篇。这种既定主题的写作大部分属于实用文体的写作，与我们初中阶段叙事类写作的文体性质不同，写作程序上自然也不相适应。

但是，考场作文却因其职能所在，而使其写作程序与既定主题写作不谋而合。考场作文的主要目的是有效考查学生的写作能力，出卷人主要以命题、半命题、关键词、既定材料等形式确定写作主题，学生须在既定的框架内，经过审题、立意、选材、布局，完成不少于规定字数的写作。

"选材"正是考查考场写作的一个重要指标。该指标向上考查学生是否能够准确把握题目内涵（审题），能否驾驭文章所立主题（立意）；向下考查学生是否具备观察生活、感受生活、理解生活的基本写作素养和有效积累。"选材"恰当与否决定着文章的整体品格。这给教师明确传递出要重视"选材"教学的信息，但也造成大部分语文教师在素材教学上局限在"选材"一隅，挖空心思为"选材"找方法，立标准，忘记了写作的本质和初衷，忽略了获取素材、积累素材才是根本。

所以，从本质上说，"选材"是既定主题写作（为了达成某一特定目标而开展写作）的产物，不是写作的一般要求，并不是所有写作都必须"选材"的。

在应试指挥棒的引导下，"选材"的教学价值被成倍放大，几乎成了叙事写作素材教学的全部，它与审题、立意、布局谋篇等教学内容一起构成了写作教学的主体框架。如果我们把这些教学点罗列在一起，就不难发现，它们都是应试写作的程序。换而言之，我们的写作教学并没有很好地遵循写作规律，而是企图按照考场作文的写作程序一环一环地指导、训练学生，最终达到能够帮助学生写出一篇像样的考场作文的狭隘目标。

三、写作教学亟须摆脱应试的桎梏

写作能力是一项综合性能力，从学理上可以分解为语言工具应用能力、生活现象感知能力、客观信息加工能力、思维成果梳理提炼能力等。在写作实践中，它们往往需要被写作者融合在一起，整体发挥作用。

对应到写作教学中，我们应该着眼于学生整体能力的提升，并有所侧重地缓慢推进，这才符合写作能力的发展规律。而写作程序是按照实践操作次序切分的，并不对标某一项写作能力指标。就像我们不能说一个学生写开头的能力强，写结尾的能力弱；也不能说他选材的能力强，审题的能力弱。所以是否将写作程序作为写作教学内容（以提升学生写作能力为目标）的依据和载体，还有待商榷。

我们要明白，考试是对学习结果（已经形成的写作能力）的考查，而不是培养能力的途径，也不是教与学的唯一目标。考场作文作为写作的一项评测工具，自有其合理性。而写作教学总是围绕着应试写作来开展，就违背了写作的本质规律，无法有效提升学生的写作能力，自然也无法提升其应试水平。就如同跳舞的测评项目是"天鹅湖"，考官会根据整体效果——从起势到谢幕，从肢体动作到面部表情，从节奏把控到情感投入——全方位评价舞者的素养，但是舞者却不能天天跳"天鹅湖"，而是应该从下腰、劈叉等开始，练好基本功，逐步推进，最后才练整支舞蹈。

回到我们当下的写作教学，教学思路一般都是头痛医头、脚痛医脚，导致一线教师尽力去研究如何"选材"，从古诗文、名家名作，甚至是学生佳作中去提炼归纳"选材"的方法和标准，却忽视了学生的实际需求，对素材本身及其积累渠道也鲜有深入研究。这是我们写作教学出现的重大失误，也严重影响了学生写作水平的提高。

四、素材需求与生活经历的错位

一线教师并不是不了解学生在写作中所遭遇的素材困境，只是大部分教师走不出"选材"教学的困囿，在解决素材问题上显得无能为力。

学生真的那么缺乏素材吗？学生缺乏生活经历吗？

义务教育阶段的学生确实是年纪尚小，生活经历有限。曹雪芹经历家道中落，体验过繁华，又深陷于困苦，这才有了冠绝古今的《红楼梦》；老舍作为地道的"老北京"，亲见过许多旧社会的从业者从体面走向困顿，这才有了经典名著《骆驼祥子》。如果真的要书写一部深刻反映社会真实的叙事文学作品，学生确实缺少生活经历。由此，也可以解释少年作家为何难出经典作品，不是文笔不好，而是经历、积淀少，导致作品的真实性和深刻性都打折扣。因为，写作不仅考验人的语言表达能力，还考察人们对人生、对社会的洞察力。

另一方面，学生涉世未深，经历确实不多，但也绝不是完全没有。谁没哭过、笑过？谁没有享受过一日三餐，感受过四季变换？生活不只经历大起大落、悲欢离合，还要经历日复一日的平平淡淡。所以，从生活层面上说，学生并不缺乏经历。

《标准》对初中阶段学生的叙事类写作能力做出了明确要求，如"写作要有真情实感""力求有创意""围绕中心""合理安排内容的先后和详略""运用联想和想象"等，其中特别提到对叙事类写作的要求——"写记叙性文章，表达意图明确，内容具体充实"。由此来看，初中只是培养学生用书面语表情达意的基础写作能力，对相应的素材品质并未做标准化要求，也没有对素材本身提出任何标准化建议。

基于课程标准，我们认为写作"不少于500字"的微型语篇，学生的生活经历所能提供的素材其实足矣。所以，缺乏生活经历不是学生写作素材缺乏的根本原因。特别是对于小学高年级或者初中生来说，他们的生活经历还不至于成为制约他们写作的困难。但是，为何学生一直无法将自己丰富的生活经历应用于写作视野？问题一定是出现在对写作素材的要求上。

我们当下的叙事写作教学一直主张"情节化"叙事，执着于以一件完整的事（情节）来塑造主题，这样，素材就被局限在"起因→经过→结果"的框架中，生活中大量鲜活的场景就被排除在外。本来值得言说的情节就不多，主题上又有要求，这样一来，可选的、适合的素材就更少了。

所以，学生写作缺乏素材的根本原因不是生活经历太少，而是写作要求与其生活经历错位，导致生活经历无法进入其写作范围。

五、获取素材的教学缺位

其一，毫无疑问，素材缺乏是写作教学中最难以跨越的一道障碍。

之所以形成这道障碍，素材的教学可能要负重要责任。学生在缺乏选择素材的方法前，首先缺少获取和积累素材的途径。但是，我们对这些一无所知，或者说虽然了解，但并无作为。教学的缺位导致学生挖掘和积累素材完全出于自发，得不到应有的支持和引导。而当前叙事类写作教学一味强调故事情节的标准取向，导致学生自发获取、积累的素材不被重视（即使有一些难忘的画面或场景，写作中也往往用不上），教学与实际情况的错位，让学生在挖掘、积累写作素材时雪上加霜。可以说，我们当前关于素材的教学，不仅没能帮助学生走出困境，反而给学生套上了沉重的枷锁。

在我们当前的素材教学中，除了常见的"选材"教学，很多教师也关注到了"剪裁"的重要性。其教学内容主要集中在如何处理材料的详略上，路子大体上有两条：其一是做加法，在所述的材料中摘出能够很好表现文章主题的关键环节，进行发散，增补细节；其二是做减法，精简与文章主题关联不紧密的情节，删减不必要的过渡性情节，使行文形成明显的情节版块，避免流水账式的叙事。这两种技巧的教学非常好，能够让学生在已经具备基本叙事能力的基础上，非常有效地提升叙事质量。

但是，"剪裁"与"选材"教学有着同样的短板——无法从根本上解决学生缺乏素材的难题。要想让"剪裁"教学真正出效果，我们首先要教会学生如何挖掘素材、积累素材、理解素材，没有"物质"基础，不在实践中操刀，教学就成了纸上谈兵。

其二，更深层次的缺位还在于教学中极少涉及如何理解素材、适当运用素材。

即便学生已经有了一定的素材积累，但若要真正做到选材恰如其分，也还得有赖于其对生活本身的深入理解和把握，"剪裁"并非完全依靠技术。如果对于素材的解读、理解不到位，学生就很难准确地将素材与主题关联起来，而写作时的过渡衔接也很难做到水到渠成。在写作实践中，我们常常会发现，学生在叙事的过程中主次不分，无关紧要处浓墨重彩，关键部分却一笔带过，语焉不详。比如，写在逆境中获得自信的文章，大部分学生会把叙述的重点放在自己是如何遭受失败，失败之后如何苦闷的，而自己茅塞顿开、信心大增并走出困境的地方只寥寥数语便点题作结，完全忽略了自己在认知变化之后的心态如何，是怎样鼓起勇气、勤奋坚持，最终让自己走出困境的。文章的主题被忽略，逻辑也非常不严谨。之所以这样，是因为学生对自己所述之事并没有切身的体会和感受，没有真正理解素材的内在逻辑，找不准素材跟主题之间的契合点。

所以，在写作教学中，我们除了引导学生去发现、积累生活中的素材，还应该帮助学生去正确理解素材，探求其背后所蕴含的价值核心。只有对生活素材有了真切、深刻的理解后，学生才能够真正运用好我们传授的方法，让剪裁真正贴合文章的主题。这两项教学都比"剪裁"教学更为重要，理应引起我们的关注并有所作为。

写作教学不能局限在应试上，考哪里就教哪里，也不能只对"表征"下药，而是要坚持系统思维，清醒地认识到写作是一种综合性的能力，学生呈现出来的不足往往是表象，真正的问题可能出现在"上游某处"。如果学生的上游能力没有得到应有的引导和训练，那么其末端表现是很难得到根本改善的。所以，要真正解决学生写作上的问题，就必须正本清源，回归到问题的原点。

六、看清"素材"真面目

素材的形式是多种多样的，我们只有认识到素材的多样性及其在生活中呈现的不同方式，才有可能帮助学生化解素材难题。但是，传统的写作教学并没有对此做出必要的梳理，导致我们教学时无法对素材进行有针对性的引导。"多观察""多积累""要真情实感"等含糊其词的教学用语只会让学生无所适从。

当写作教学把素材的获取和积累全权交给学生，教师无法有效干预其挖掘素材的过程，也就无法预判积累的多少与优劣，这就直接导致了教学对学生储备的素材长期处于未知状态，造成学情盲区。在这种情况下，当我们又盲目地开展"选材"教学、"剪裁"教学时，方法林林总总（其实所列大部分都不是方法，而是标准），不论正确与否，起码都缺乏学情基础，也未必是学生真正需要的写作指导，它们极有可能徒劳而无功，成为"正确而无用"的知识。

所以，在重新审视以"选材""剪裁"为主的素材教学的同时，要先厘清什么是"素材"，素材在生活中有哪些具体形态，它们可以通过哪些渠道去获取、积累，并为我所用，只有这样，我们在写作教学中才能有的放矢，为学生提供具体且有效的支持。

"素材"是指从现实生活中搜集到的未经整理加工的、感性的、分散的原始材料。"素材"并不都能运用到文章之中，经过作者提炼、加工并写入作品之后，即成为"题材"。沿着这个定义，我们可以确定素材的几个重要构成元素：第一，来自生活；第二，需要作者主动搜集（不是被动的，更不是消极的）；第三，是分散的、零碎的、感性的。

并不是所有的生活琐事都能成为写作素材，就像新闻消息必须具备一定的新闻价值一样，生活琐碎成为素材必须具备叙述价值，然而其价值标准难以明确，这也是写作素材教学的一个难点。

从专业教师的眼光看，哪些生活素材具备叙述的价值呢？

笔者认为，蕴含人类情感、能够给人以启发、有利于生命成长的素材都可以成为我们的叙述对象。比如，寄宿制学校的学生，每周与家长相处的时间极其有限，每周五放学回家，一家人齐齐整整地坐在一起吃晚餐。这一幕就是一个很好的写作素材，可以启发学生去认真体验、好好感受。

所以，教学发力点一定要落到写作能力形成的过程中，而不只是制定文章评判标准，只告诉学生终点在哪儿，然后对于学生遇到的具体问题作壁上观，或者偶尔捎带说几句大而化之的套话。

根据叙事类写作的需求，素材大致可分为三类：知识素材、场景素材、故事素材。

（一）知识素材

按现代认知心理学的理解，广义的知识可以分为两类，即陈述性知识、程序性知识[①]。陈述性知识是描述客观事物的特点及关系的知识，也称为描述性知识，它所解决的是"是什么"的问题。而程序性知识是一套关于办事的操作步骤和过程的知识，也称操作性知识，它所解决的是"怎么做"的问题。我们所说的知识素材即学生对客观世界的认知成果，包括"是什么"，也包括"怎么做"，简而言之就是能够比较准确地了解身边常见的客观事物或客观规律，并能用语言或文字表述出来。

写作"不仅是衡量学生语文水平的重要尺度，也是衡量学生百科知识水平和思维能力的重要标尺"[②]。这里所说的"百科知识水平"就是本文所论述的知识素材。希洛克用实证研究的方法提供的写作知识清单，在西方写作教学研究中颇具权威，他提出有效的写作至少需要四类知识，其中第一类就是"关于所写内容的知识"[③]，强调要注重知识素材的积累。王荣生教授曾经指出，"描述或描写，具体是关键，具体才会生动，才会营造身临其境之感。与语文教师的直觉相反，具体的描写主要靠名词和动词，而不是靠带有评价色彩的形容词——概念化的形容词往往导致不具体和虚假"[④]。名词和动词的使用体现的恰恰是学生对生活知识的了解。

遍观经典名篇，其中丰富的生活知识无处不在。老舍、郁达夫的作品中对北京的描述，简直就是一部北京民俗知识大全；贾平凹笔下的秦地民俗，远比一次走马观花的旅游所见要丰富、真切。再如，鲁迅先生的《从百草园到三味书屋》，里面对百草园的描写中就包括了皂荚树、桑椹、鸣蝉、黄蜂、叫天子、蟋蟀、油蛉、蜈蚣、斑蝥、何首乌、木莲、

---

① 皮连生.智育概论：一种新的智育理论的探索［J］.华东师范大学学报（教育科学版），1994（4）：126.

② 王尚文，吴克强.中学语文教学研究［M］.2版.北京：高等教育出版社，2010：192.

③ 王尚文，吴克强.中学语文教学研究［M］.2版.北京：高等教育出版社，2010：198.

④ 王荣生.语文课程与教学内容［M］.北京：教育科学出版社，2015：101.

覆盆子等13种具体的动、植物，还涉及了一些动、植物的特性和传说，这样才能自然而真切地流露出他对百草园的怀念，让"我的乐园"跃然纸上。

但是，现实写作却并不如此。比如，初中生叙事类作文中，就普遍缺乏"知识"，描写虚而泛，缺乏生活气息；叙事粗糙简略，不准确，缺少画面感。以写景为例，动辄"参天的大树，绿油油的小草，可爱的小鸟，娇艳动人的鲜花"，名词全是概括的，再冠上形容词以美化语言。但是，即便再华美的修饰、再丰富的辞藻，也不如史铁生先生笔下的"合欢树""老海棠树"那样简单、质朴却充满生活气息。其实很多时候，学生脑中有形象，有画面，只是不知道它叫什么，有什么特点，自然也就无法在文章中表述出来。就好像农家院子里围了一圈篱笆，篱笆墙上开满了牵牛花，结果孩子不知道什么是篱笆，也不知道那种吹着喇叭的花叫牵牛花，于是写作的时候要么避而不谈，要么就泛泛地写下"院子周围开满了美丽的鲜花"，很用心的学生也只能蹩脚地写下"院子周围围了一圈交叉着的竹竿子，上面有藤，又有花，很美丽"。

可见，学生生活知识的贫乏，可能是其写作言之无物的一个重要原因。而教学中知识素材的教学往往被忽略，甚至缺少对学生积累生活知识的必要提醒，则是造成学生生活知识贫乏的原因之一。

（二）场景素材

场景，即生活中时刻呈现在我们眼前的立体的画面或在同一时空中流动变化的动态片段，它的特征是同类而不同款。所谓同类，即同类人群生活中往往会经历同一类型的场景，比如，一般的家庭都会一家人共进晚餐，餐后一般会散步；逢年过节都会走亲戚、聚会。这是其共性。不同款是指虽然大家经历着同一类场景，但因为具体的人物、环境、活动不同，所以呈现出来的具体画面也不同，比如同是描写家庭晚餐，每个家庭的成员不同、居住的环境不同、菜式不同、聊的话题不同，人物举止神情也不同，所以呈现出来的家庭氛围自然不一样。我曾经在班上布置过三篇同题作文，并要求学生分别跟父母、跟老人（爷爷奶奶、外公外婆）、跟最要好的朋友一起散步，这就是同一类场景，但即便是同一个学生的作品，呈现出来样貌也是截然不同的。

场景还具备一个重要特征，那就是作为生活直观形态，它是人们个性化情感和思考的最直接的物质载体。人类情感既有共性，也有个性，比如母爱的真挚、纯粹、不求回报、义无反顾，但是在每一个家庭，母爱又都有独特之处。这些都是通过散碎生活场景表达出来的，不是直白的言说或系统的表述能表现出来的，这样的爱需要到生活场景里去感受、去品味，从具体所见、所感中分析提炼，形成专属于某人的独一无二的母爱。

生活场景本应该是学生能搜集到的最丰富、最主要的生活素材，但在我们的写作教学中，却总是有意无意地强调叙事的完整性和典型性，直接导致了学生甚至教师对平淡生活场景描写的忽视，因而场景素材的收集也同时被忽略了。

其实生活场景是片段式的，但时时刻刻都在更迭中，大部分场景都如过眼云烟，很快消失了。我们看了，经历了，也受过感动，却没有留下印象。这也就是很多学生都在经历着、感受着生活，但是一到写作时，记忆就成了一张白纸。问题的关键在于教学时没有突出写作对场景的需求，学生就不会去主动而有目的地观察，也因此难以印象深刻。

（三）故事素材

故事，是真实的或虚构的用作讲述对象的事情，有连贯性，富吸引力，能感染人。故事作为一种文学体裁，一般指用来体现主题的情节。从这两个定义来看，故事侧重描述事件的发展过程，强调情节的生动性和连贯性，并且须蕴含着可供言说的意义价值。

从对初中生作文的评价来看，连贯而精彩的情节、真实而感人的细节、典型的人物形象、深刻的主题，这些都是获取高分的重要指标。因为写作需求明显，所以在素材积累方面，故事素材一向被重视。但是，一向被十分重视的故事素材在生活中其实不多见，积累起来难度非常大。为何我们一向重视的故事素材却如此难以获取？原因有三：

第一，现实中的故事往往不是连贯发生的。故事具有情节的连贯性，它不是体现在时间、空间上，而是体现在因果逻辑上。也就是说，很多时候，因果联系往往是隐性而不是显性的，所以要么难循其因，不知所起；要么难求其果，无疾而终。比如一个人可能3岁时呛了水，8岁时学游泳还不敢下水，这种心理恐惧不一定是一瞬间就能够被解读出来的。所以，要呈现完整的故事情节，需要我们在收集到素材之后，进行理性的梳理整合，理出其中的逻辑关联，以使情节前后贯通。

第二，现实中的故事大多不具备典型性和吸引力。即便故事有因果联系并且逻辑通顺，但如果太过平淡浅显，也没有讲述的价值。比如，肚子很饿，终于到了吃饭的时间，正好碰上了一顿丰盛的午餐，于是吃得很饱，这样的因果联系就难以成为故事。故事情节除了必要的因果联系之外，往往还需要矛盾冲突、误解、意外等桥段，才能跌宕起伏、扣人心弦。但是，生活大多是平淡无奇的。即便是大文豪，也很难把自己原本的生活经历写成一篇跌宕起伏的精彩故事，所以鲁迅先生在创作经典人物形象时采取"杂取种种人合成一个"的方法，那么塑造经典情节何尝不是"杂取人间百态"？

第三，现实中的故事往往无法与既定的写作主题完美契合。写作的既定主题往往具有育人导向，蕴含着一种对生命成长追求的正向引领，但不一定与短时的生活逻辑相吻合。比如，我们深信努力付出终究会有收获，但现实是我们非常努力却还要面对失败的打击；比如，我真心待人，却发现人家未必真心待我。这类故事常常是一种偶发现象，它所蕴含的意义不符合我们的期待，更与我们正向的写作主题，如友谊的珍贵、坚持的可贵等相悖。所以，生活中往往有阳光也有阴霾，我们的写作主题却需要向阳而生、逐光而行，这种不契合给学生带来了很大的困扰。但是我们无法完美调和现实与理想的矛盾，只能眼睁睁地看着学生为了迎合主题需求，放弃那些不完美的生活素材。

传统的写作教学强调塑造故事情节，也尝试确立一个好的标准，如真实、自然、完整、流畅、典型、曲折，并能有效诠释主题等。于是，很多教师也通过范文、案例等，告诉学生什么才是好故事。也有教师希望学生通过日记来记录生活小事，希望能积少成多，从量变到质变，把学生变成一个个有故事的人。可是，从学生的叙事成果来看，上述方法都极少奏效，这充分说明故事型素材在获取和运用上的难度远远超出了我们的预计。

综上所述，对于生活中普遍存在的素材形态，我们的写作教学往往没需求，在教学中被忽略甚至被排斥；我们写作所需求的素材形态，在生活中又比较少见，难以获取。这种矛盾难以调和，导致学生在写作的第一步就陷入了困境。我们无法改变生活的形态，不能因为写作就把生活变成一部连续剧，所以只能改变写作需求，让其主动适配生活形态，这样才能有效调和写作与生活的矛盾，让生活成为写作的源泉。

第三节 自命不凡的青春意识，寡淡无味的文章主题

一、什么是"立意"

在写作的评价中，我们往往比较关注学生作品中的思想品质，对于有真情实感且思考感悟层次较高的作品会高看一眼。所谓思想品质，在作文中的专业表述就是"立意"。"立意"在写作教学中不可或缺，作为作文的一个考查指标，它的高低、深浅、新陈直接决定着作品的内

涵，所以教师理应进行适当的"立意"写作教学。但是，很多一线教师不仅把"立意"局限地理解为提升作文品质的技巧，还把这种技巧混淆为提升学生思想内涵品质的方式，以之替代对学生思维品质提升的教学训练。

什么是"立意"？"立意"就是确定一篇作品的文意。王夫之说："意犹帅也，无帅之兵，谓之乌合。"一篇文章如果没有主题，或主题品质不高，那么行文就是一盘散沙，难免肤浅甚至粗俗。"立意"包括全文的思想内容、作者的构思和写作动机等，其概念的内涵要比文章主题宽泛得多。在当前的写作教学中，"立意"是指在命题者既定的写作框架和方向下，写作者如何确定价值视角和文章思想核心。

二、"立意"教学的片面性

在教学中，"立意"实际上只是被狭义地理解为如何在考场写作中确立一个有深度、有高度、有个性的文章主题，与本质意义上的写作上的"立意"存在着巨大偏差。

首先，它们的立足点不一样。本质意义上的写作，"立意"是建立在写作对象（客观事物或内心情感）的基础上。比如，学校举行了一次篮球联赛，班级在第一轮比赛中积分垫底，惨遭淘汰。班主任想据此写一篇文章，利用这次活动做一次集体主义教育。有了明确的写作动机，我们就必须明确这项活动的意义，回顾得失，寻找失利原因，以及从中挖掘育人元素，等等。这个过程才是真正的写作"立意"，是对现实生活的深入思考。

但是，在考场作文的写作中，"立意"是建立在出卷人所提供的框架之上的。比如，某年广东省的中考作文题是"最好的奖赏"。我们首先要审题，"奖赏"是一种获得，是他人对自己的一种评价手段，它有很多种形式，这是我们选材的空间。无论什么样的"奖赏"，"最好"作为限定词，蕴含着"奖赏"的价值所在——有助于自己的成长，这便是出题者定下来的写作主题。那么"立意"其实就是在有助于我们成长这个大框架下，确立"奖赏"是什么，它究竟是怎样助"我"成长的，或者是让"我"得到了怎样的成长。比如，让我树立自信，学会谦虚，或者是让我明白了付出的意义，学会了自律等。这就是考场写作中的"立意"，本质上是"做"文章的技巧。

其次，它们确立的依据不同。本质意义上的写作，"立意"是由写作意图决定的。如前例，也许班主任是希望借助活动整顿一下班级作风，或进一步加强班集体的凝聚力，以及开展一次挫折教育，等等。总之，意图不一样，最终在细节选择、行文思路、措辞语气以及最终的主题提炼和情感升华等方面都不一样。在这里，"立意"须遵循写作意图。

而考场写作中的"立意"是根据出题者给出的大框架决定的。现在大部分考场作文都有一段导语，一是进一步明确写作主题，二是为学生打开思路、确立主题提供启发。从大部分学生考后的分享来看，导语基本成了学生选材和立意的依据。比如，2018年广东省中考作文题导语："恒，是追梦路上的执着，是身处困境的坚守，是成功的压舱石。恒，就是不忘初心的一笔一画去描绘心中的愿景。"很多学生就把文章主题定在了"执着、坚守"上，书写自己百折不挠、执着追求梦想的历程。在这里，"立意"须服从题目的主题导向。

从上述两点阐述我们不难看出，本质意义上，写作中的"立意"更多的是考验作者对外在世界的认知和思考，看问题是否全面，写文章是否有的放矢，这可以体现出一个人真正的思维品质。但考场作文中的"立意"其实是对既定主题的精加工，是在既定的框架内进行有限发挥，既考验学生对命题的理解能力，又考验学生在理解命题的基础之上的思考品质和创新能力。

由于教学要面向应试需求，所以"立意"教学也不由自主地取向于考场作文中的"立意"。在教学中，教师们也大抵只是按照考场写作模式，提供一个既定框架，然后引导学生如何提升，如何逆向思维，等等。正是基于这样的理解，导致"立意"教学成了纯应试技巧的指导与训练，在审美追求上求新、出奇。也有一些教师利用作文升格教学，立足学生作品，指导其如何拔高主题、升华情感，以提升作文的品质，但本质上还是一种锦上添花的技术手段，而且很多时候，经过升格的文章在呈现主题的时候并不自然、熨帖。

从以上探讨中不难看出，我们当前的写作教学其实是针对考场写作中的"立意"的教学，只是一种技巧操弄，不是育人正途，它无法从根本上提升学生的写作思维品质。这样的"立意"教学，也很难帮助学生写出真正有思想的好作文。

三、写作任务的主题导向与学生的真实思维水平

我们以两个中考写作任务为例，来具体展示怎样在写作任务中预设主题。

第一种，在写作任务设计中直接植入。大部分写作任务主题框架和方向都比较明确且有一定的空间，如 2020 年广东省中考作文题：请以"给 × × × 的一封信"为题目，以"自律的乐趣"为内容，给老师、亲友、同学……写一封信，可以讲述自己的经历，也可以阐述观点，畅谈感悟。

第二种，在写作任务中定好基调。所谓定好基调就是把出题者所期待看到的主题的大方向表露出来，最典型的形式就是设置写作项目的导语，当然也有其他的形式。它其实是在牵引学生的写作视线，让其在写作中所选择的价值视角和文章主题符合阅卷老师的期待以及社会倡导的价值取向。如 2021 年广东省中考作文题：以"这才是少年应有的模样"为结尾写一篇文章，题目自拟，文体不限，不少于 500 字。

考试作文不仅承担着评价学生写作水平的功能，还有引领学生向上向善的重要使命，所以这种既定主题的预设是合情合理的。但由于学生在思维成长的过程中缺少有效的引导和训练，导致其思想品质达不到我们的期望。比如写"自律的乐趣"，在初中阶段，他们可能听过类似的说教，但能够真正体验到自律乐趣的学生为数不多。在生活中，特别是在学校生活中，学生感受最深的可能就是来自他律的压抑和拘束，所以在一个小时里，他们很难把自己的真实想法融入既定的写作主题。但是，考生写作又不能违背既定的主题，所以他们只能放弃真我表达，而附庸于命题者的要求。在这一过程中，由于学生真实的思想无法支撑表达需求，其行文主题大都"品相不佳"。

　　在这样的落差中，我们应该相信出题者的美好初衷和愿景，也应该相信初中生思想品格的成长是可以达到出题者的期待的（就近10年广东省初中学业质量检测的写作任务设计来看，还没有真正超出初中生认知的作文题）。面对学生在写作中所表现出来的不尽如人意的立意水平，我们应该深刻反思，在日常教学中对学生思想品质的培养是否达到了应有标准。

　　对标考场写作要求，我们日常写作教学对于"立意"最基本的要求是健康、积极、正面，较高的追求是深刻、高端、新颖。但在事实上，学生作品立意基本呈现标签化倾向，单薄、苍白、雷同，鲜有细腻的情感、个性的思考，缺乏基本的真诚。学生考场写作"立意"为什么会遭遇如此大的尴尬处境？

　　在日常与学生交流时会发现，很多学生的谈吐、想法，其实比我们想象中的要成熟，这与他们在写作中所表现出来的假、大、空、幼稚完全不一样。这充分说明他们不是没有自己的情感和思考，只是没有办法将之写进作文里。也经常听学生抱怨，作文就是"不说人话，假惺惺，文绉绉"。所以，出题者所预设的主题，学生可能压根儿没有体验、思考过，也不能真正领会；而学生真正的体验、感悟和思考又无法呈现在写作当中。

就好像一组漫画，第一幅是一个人面对着一道墙，所见仅在方寸之间；第二幅画中这个人脚底下垫着厚厚的几本书，他高出了这道墙，但眼前迷雾重重，远处的城市脏乱不堪；第三幅画中这个人脚底下垫了更多的书，像矗立在高山之巅，呈现在他眼前的是灿烂的阳光、湛蓝的天空和屹立在云海之上的现代化的建筑。如果以第三幅画中的视野出题，让第一幅画中的人去做，自然会产生巨大隔阂。

因此，学生个人的真实思想与写作的主题导向难以契合，是学生在写作中无法真情流露的重要原因。

四、"立意"对主体意识的浅表化引导

学生写作时，不但真实的思想与写作的主题导向不兼容，它们之间的地位也不对等。因为学生当然清楚，在作文中不顾及教师或出卷人所给出的写作要求而自说自话，会遭遇怎样的下场。所以，他们就只能将就着把自己所知道的价值标签贴上去，再拼凑上一些似是而非的事例（很多时候学生所叙的事与所立的意是不够贴合的），加上几句言不由衷的抒情。虽然不如写真情实感水平高，但是好歹可以完成任务，如果字写得好一点儿，还能混个好分数。

出题者有要求，应试者有需求，所以我们就抓住了"立意"环节，希望通过"立意"技巧的传授，帮助学生"快速"达成写作要求。

目前，我们常见的"立意"类写作教学大体上是确立一些好的"立意"标准，如立意要鲜明、集中、贴切、健康、新颖、深刻等。当然，教师一般会列举相应的范文，好让学生真正明白好的"立意"应该具备的特质。光了解标准是不够的，有些教师会在教学中着力传授一些提升"立意"水平的方法，如虚实转换、小大化用、思辨挖掘、由表及里、由

此及彼等。也有一部分教师更加务实，以一篇立意不高的例文为蓝本，通过师生交流、生生互动，在不断碰撞启发中引导学生优化文章立意，获得一些"立意"的经验。

如上所述，在"立意"相关教学中，最常见的做法实际上是教学生确定标准、传授技巧，而不是对"意"的形成与发展做探究。我们忽略了，学生不是一张白纸，除了掌握技术，他们还有自我意识，有与命题者价值导向之间的思维冲突。

可以说，由于"立意"方面的不当教学，写作在育人方面正扮演着一个不太名副其实的角色。为了应付作文要求，学生委曲求全，按照既定的价值导向来确定文章主题，并根据立意要求进行选材。但在选材环节，由于既定价值导向与个人价值观的差距，学生很难从自己的生活实践中找到适宜的素材，因而只能按照自己的理解或借用材料来完成对既定主题的塑造。如此一来，一篇文章从主旨到叙事素材几乎都不是学生的真我表达，写作就成了为完成任务的纯文字编辑。文字表达与内心所想不一致，甚至完全割裂，写作自然起不到育人的作用。

如果在平常的写作教学中，特别是在学生学习写作的初级阶段，我们经常用这种方式开展教学，那么学生的真情实感就会始终难以融入自己的作文。长年累月的训练，反而会让学生的真实思考与写作表达呈现出的想法的距离越来越大。

五、"立意"教学的负面价值

产生这种隔阂或许是因为出题者对应试者的实际思想水平不够了解，但更多的或许是因为学生的情感与思维在平常写作中没有得到有效锻炼和沉淀。无论怎样，有一点我们应该坚守，那就是不能因为学生情感、思维品质不高就放弃对其写作主题的价值引领，任由学生吐露品相不佳的情感与思考。要解决这对看似不可调和的矛盾，唯一的突破口就在日常教学中。我们要通过教学，让学生的情感和思考朝着健康、积极、深刻的方向发展。

其实，学校的德育和各学科教学都在朝着这个方向努力，但是写作教学的育人作用却收效甚微。就目前来说，写作教学不仅没有能够实现其育人价值，反而产生了不少负面作用。我们不妨冷静地从目前"立意"教学中去反省写作教学给学生情感、思维成长造成的伤害。

我们先看一个例子。关于"母爱"，一般人能够想到很多主题，如无私、体贴、含辛茹苦、严慈相济等，但很多学生私下却对父母的一些行为颇有微词，比如吐槽父母打麻将，玩手机，做饭应付，甚至点外卖，说话尖酸刻薄，等等。我们不得不承认，大部分孩子体验到的母爱是很具体的，也是不完美的。不同母亲对待孩子的方式不一样，但是个性化的母爱只有当事人才能体会得到，而教师面对班级的"立意"教学，往往只能摒弃个性，陷于模式化、标签化。虽然无私、无微不至等不是母爱的唯一特性，但因为被理想化、经典化而显得神圣不可侵犯，从而固化在学生心中，甚至被当作标尺去衡量生活中具体鲜活的母爱，进而让学生产生对比行为，以此否定自己得到的母爱——这就是当下"立意"产生的副作用。

这绝不是个别的极端事例，而是较为普遍的存在。我们在写作中大张旗鼓地进行真、善、美的引领，却忽略了引导学生到生活中去感受真、善、美，结果就让学生产生作文写的都是假的、虚的等错误认识。真、善、美被认定为虚假的，加上他们在生活中所遭遇的不完美现象，会进一步加剧他们对假、恶、丑的认同感——似乎生活就是这样丑陋不堪，但是在写作中却要被表现得完美无瑕。

当"立意"教学脱离了现实生活的物质基础，就极易在话术上表现得冠冕堂皇。其教育的结果往往会让自命不凡的青少年走向两个极端：要么看到教育的虚伪，要么看到现实的丑恶。无论哪一端，都会让学生对教育失去信心，最终沉溺在自我认知里无法自拔。当然，这种说法会有些偏激，但作为教育者，我们不能不防微杜渐，审慎对待育人事业，在不断反思中矫正自己的教育行为，让育人趋向于最佳状态。

六、"立意"之"意"何处来

曾经听说过这样一个笑话：有个人很吝啬。有一天饿了，他吃了一个馒头，没饱，又吃了一个，还是没饱。等吃完了第五个馒头，终于饱了。于是，他捶胸顿足，懊恼不已，说："要是早知道第五个馒头可以吃饱，那么前面那四个馒头就不吃了！"这种神逻辑大家一听便觉荒唐，可仔细琢磨一下，这跟我们当前的"立意"教学是不是有点儿类似？不教学生如何观察、体验生活，也不教学生如何思考、解读生活现象，光教学生如何在写作中"立意"，岂不是等同于想抱着第五个馒头直接吃饱？所以，要想在根本上解决学生写作"立意"粗浅的问题，还是得回到原点，想一想"意"是从哪里来的。

学生个人真实的情感和思考大多来自自己在日常生活中的习得和学习中的汲取，而他们在写作中表达出来的"意"，由于受到既定主题的限制，难以兼容自己的真实情感和思考，所以大部分都是以外来成品输入为核心去组织写作，如按命题者要求或者暗示，教师日常的主题灌输、引导，以及学生自身的阅读体会等去写。这种外来成品的优点在于定调高，质地纯，普遍积极、健康，社会认同率高，但是又单一雷同，缺乏细腻和丰富的个性色彩。而且，通过调查发现，虽然主题正确积极，但很少被学生深刻认同，也就是说写作的主题并不是学生真实的习得，不是来自学生内在的思想体系，学生很难融入自我思考。

不得不承认，学生目前从学习中获取的东西与他们生活的真实情境相差甚远，所以有时候会导致学生对所学的太过纯粹的优质思想未必认同。再以母爱为例，文学作品中的母爱往往是无私而无微不至的，但是在现实中，除了批评教育让孩子出现情感抵触之外，妈妈也未必就能如文学作品中那样细致入微、尽善尽美。在文学作品中，妈妈大多只承担着身为人母的单一角色，而在现实生活中，除了妈妈这个角色之外，她还是一个完整的人，不完美，也难以时时事事都做到无私无畏。但是，能否因此就否定母爱的真诚、无私与伟大？当然不能，因为生活中依然有许多地方都可以生动地诠释母爱。但是，很多时候学生并没有去观察、体会，对生活无感才是否定甚至对抗真正优质思想的元凶。

我们的教学一头放弃了引导学生走进生活，体验生活，感悟生活，一头又挖空心思向学生灌输优质的思想，最终导致他们对生活的认知与直接获得的"成品思想"无法贯通。

"意"是什么？对于个人而言，"意"即观念或情感，本质上是人们对生活的感受和思考，是客观事物在人脑中的反映并由此形成的主观态度。我们要通过教学手段培植学生的思想感情，提升学生的思想品质，引导学生以正确的态度、真挚的情感、敏锐的思考来面对客观世界。但是，我们一定要清醒地认识到，教育本身并不生产"意"，而是支持"意"的藤蔓生长的篱笆。

"意"从何而来？我想解决这个疑问只需要四个字——"格物致知"。丁肇中先生在《应有格物致知精神》的演讲中给了它一个既简洁又明了的解释："从探察物体而得到知识。"探察，在科学研究上侧重于动手实验；在写作教学上，用参与生活、体验生活阐释它更为贴切。知识，在科学研究上指对客观世界的认知；在写作教学上，可以理解为对生活的感受与思考，即我们所说的"意"。

所以，"意"的获取，必须具备主观上的认知能力、感受能力、思维能力，以及客观世界的物质载体，只有二者出现交集碰撞，"意"的火花才会闪现。丁肇中先生在演讲中还提到："科学进展的历史告诉我们，新的知识只能通过实地实验而得到，不是由自我检讨或哲理的清谈就可求到的"。其实，写作教学也一样，如果脱离了生活实际，缺少参与体验，即便再聪明，读再多的书，也很难写出真挚细腻、生动独特的好文章。

着眼于培植学生"意"的教学难点在哪里？教学必须在学生已经具备的主观反应机制的前提下，引导他们去生活中观察和体验，才有可能触发他们的感情和思考。但是，他们面对的客观世界是怎样的呢？如果连这些都不确定，那么我们又怎么能教会他们去面对呢？这恰恰就是我们教学的难点。其一，在当前的叙事观中，情节化的素材本质上无法统一，因为每个人的经历不同。在教师眼中，学生所面对的具体生活情境一直处于不确定状态。其二，当下的写作教学从来不以提供真实生活情景素材为要务，因为一旦提供了统一的真实生活情境，就与选材教学主张相悖。其三，作文评价往往只评判素材，难以提出有针对性的建议，也就是说只评价所叙之事行不行、好不好，从不建议应该叙什么事。对物质基础的放任不管，必然导致对"意"的教学无处可依。

所以，很多时候，教师将自己得到的一些经验教训告诉学生，即便语重心长，情真意切，他们也依然不屑一顾，认为是"大道理"。他们眼中的"大道理"，看起来正确但往往"不切实际"。而这恰恰反映出"道理"缺乏具体生活情境的支撑，这跟写作教学中"立意"的遭遇几乎如出一辙。

综上所述，写作教学中要提升文章主题的品质，最重要的并不是当下的"立意"教学，而是真正提升学生的思想品质。而要做到这一点，就必须先把他们引向现实的生活，让他们充分地接触生活，观察生活，体验生活，为他们思想品质的提升寻找或培植沃土。所以，问题的关键在于，在教学上寻找或培植思想沃土有没有可为的空间，学生大部分的生活经历都在课堂之外，而且每人不同，这给教学特别是大班制教学似乎带来了无法完成的挑战，让大部分教师望而却步。

第二章
Chapter 2

守正： 遵循写作教学基本法的新探索

对于叙事类写作来说，真正的有效教学应该是能够在当下的学制内，通过教学和相应的训练帮助学生提升写作能力，促进学生养成良好的写作习惯，并落实写作应该具备的育人功能，当然也要能够提升学生的应试水平。

基于这样的目标，结合前面对当前写作教学现状的深刻反思——叙事形态、选材、立意都不符合写作教学的基本规律，我们有理由提出这样的质疑：当前的叙事类写作教学有没有可能一直都走在一条错误的道路上？如果方向不对，即便我们穷尽精力去坚持实践，可能也收效甚微，甚至适得其反。所以，义务教育阶段叙事类写作教学需要的不是改良，而是革命。只有突破原有教学框架的束缚，重新构建教学体系，寻找新的教学路径，才是叙事类写作教学走出困境的最佳选择。

许多一线教师一直都在积极探索新的写作教学模式，教学实践中也涌现出许多精彩的写作教学案例，但被普遍认同并被成功推广的并不多见。它们要么个性色彩太强，要么实操成本太高，要么只适合优质学情，无法适应一般甚至较差学情。当然，我们不否定个性化的探索实践，它总能给我们有益的启发，但一味追求典型个案的打造，对我们初中阶段写作教学的整体影响是有限的。我们更需要能够在常态化教学条件下推广实践的、行之有效的写作教学体系，尽量避免一些个性化、典型性的元素，尽量弱化局限性、极端性的写作条件，力争在目前的教学条件下，寻求一条能够有效解决问题、引领学生走出困境的新路——这才是写作教学的当务之急。

一、写作教学探索需要守正创新

"守正"不是因循守旧，不是循规蹈矩。从上一章的论述中，我们会发现当前的一些惯常做法是有待商榷的，有的甚至违背了写作教学的基本规律。如果不从理论上把根扶正，那么解决问题的具体操作往往就会因为没有明确的依据和导向，没有规律的制约和引领而偏离目标。就像在写作中，如果"写什么"没有解决，那么"怎么写"的教学其实并没有多大意义；同样地，在写作教学中，"教什么"比"怎么教"更为重要。守正，就是要稳守根基，守住大方向的"正"，保证"教什么"是合学理、合学情的，这才是找到突破口的关键。

我们要重新搭建叙事类写作教学的框架，就应该坚持"守正"的原则。首先要"守正道"。静下心来，系统学习初中叙事类写作教学的基本原理，更加准确地把握叙事类写作教学的根本，从源头上扶正我们叙事写作教学观，自觉遵循写作教学基本法则。其次要"树正梁"。在正确理论的根基上构筑写作教学内容的主体框架，并由此开发真正合学理、合学情，具备可操性、可推广性的写作教学课例，逐步形成课程体系。最后要"得正法"。我们在实践过程中要采取正确的方法，以有效的手段落实教学内容，让学生能够对其正确理解、准确把握并合理运用。要想做到这些，就需要我们深耕课堂，不断优化教学策略，提升课堂教学效率。

这三者一脉相承，是根与枝叶的关系，而不是彼此脱节，杂乱无章，甚至互相冲突的。对于义务教育阶段的叙事类写作教学来说，只要真正做到"守正"，"出新"，就可能水到渠成。基于这样的理解和追求，我们结合教学过程中遭遇的困境及学生写作过程的合理需求，将有效写作教学的必备元素分为七个维度进行阐述。

二、写作教学体系中的七大支撑

写作教学要想真正科学、可行，必须具备七个核心点的支撑，即理论支撑、素材支撑、语言支撑、思维支撑、技法支撑、评价支撑和动力支撑。只有这七点得到全面落实，写作教学的效果才能够得到保障。

理论支撑，即教学实践必须与权威理论相契合，这是确立某一种写作教学是否科学可行的底线——理论正确才能保障实践的方向正确。在教学上，许多教师重实践而轻理论。重实践没错，但轻视理论学习与探究，一不留神就会让实践偏离正轨，因急功近利而违背教育初心。写作教学中类似的案例不少。一些教师出于功利目的，让学生背作文、套作文，以达到某一短期或狭隘的目标，违背了写作与教学的基本规律，从学生的成长来看，这是无益甚至有害的。

素材支撑，即写作教学应该帮助学生解决写作素材上的困厄，让学生有内容可写，支持学生顺利进入写作。从写作实践来看，只有先解决"写什么"，才有资格探讨"怎么写"。学生在"写什么"的环节遇到了障碍，如果得不到有效的指导和支持，顺利进入写作实践，那么"怎么写"的教学便无处依附。不难想象，当学生无事可述、无物可写时，教师却口若悬河跟他们谈方法技巧，该是一种怎样的尴尬和无奈。所以，检验写作教学是否有效的最关键指标，是必须在学生真正有困难的环节给予行之有效的支持——帮学生走出素材缺乏的困境。

语言支撑，即能够有效帮助学生构建优质语言模型，提升书面用语质量。语言表达质量是直观考查写作能力的指标，难以靠写作教学和训练在短期内提升。对于学生书面语言表达能力的教学，我们通常采用积累好词好句，或者摘抄记背优美段落的方式，试图以化用、借用的方式给文章涂脂抹粉。这样的做法对于那些用心的学生来说是有些作用的，至少在开头结尾或景物描写段落能够看到一些精彩的描写和有设计感的表述，但是一到叙事阶段，他们依然会显得力不从心，让文章的整体品格直线下降。因为，学生化用或借用的是外来成果，不是自己的语言输出。一个有效的写作教学体系，其着眼点应该是提升学生的语言能力，有效帮助学生构建自己的优质语言模型，让学生准确、流畅，甚至优美地进行表达。

思维支撑，即教学能够有效提升学生对物质生活形态的观察、解读、感悟能力以及写作表述的思路、文章的架构、主题的驾驭等能力，让写作能够真实反映生活（并且能够高品质地、能动地反映生活），真正成为表达思想情感（并且是成为表达优质思想、深沉情感）的一种方式。写作本身是一种非常有效的帮助人们提升思维能力的方式，写作过程可以很好地引导学生去观察、体验、感悟、升华生活，但是我们目前只是抓住了最后一环，而且是最薄弱的一环——"立意"，放弃了前面的铺垫和积淀，让"立意"成了无源之水、无本之木，它自然也就无法清澈如许，枝繁叶茂。写作教学要将学生的写作视线牵引到生活实际当中，让他们真切体验和感受生活，同时对学生的触动和思考进行适当的引导和干预，优化他们的思维品质。这也丰富了写作教学的育人价值。

技法支撑，即教学应该让学生掌握基本的写作技法，并可以在写作实践中恰当地运用，有效优化其写作品质。技法教学其实是我们当前写作教学中的主流，教学内容构成相对比较稳定，如审题、立意、选材、开头、结尾、过渡、照应、修辞、细节描写等。由于学生在写作素材上遭遇的困境没有解决，学生写作的困难点基本上停留在"写什么"上，在技法方面的缺陷和需求没有真正暴露出来，或者说暴露的都是整体性不足，让技法教学无法聚焦。目前，我们对写作技法教学内容的切分是据上游学科（如语言学、写作学、文章学、文艺理论、文学批评等）而定的，或者依据考场作文评价标准而定。而学生写作技法的困惑和需求却是写作实践中遇到的，它更加具体化、个性化，这就导致教的内容跟学的需求不契合。所以，在技法教学上应该有一个基本原则，那就是自下而上、按需提供——先明确学生在写作技法上的需求，再按照需求去解决具体问题。

评价支撑，即通过有效的评价指标，对学生写作既能做适当评价，又能对写作优化做明确的引导。近几年，学科教学中的"教—学—练—评"一体化研究非常热，但是在写作教学领域却极少有人涉足。单就评价而言，对作文的评价向来都着眼于其综合表现，倾向于直接评价结果（作文作品）。这种评价既无法对应教师所教，也无法对应学生所学，只能对应学生的习作。要解决这一问题，首先要打破单一的传统打分评价机制，其次要解决练与教、学不相应的问题。只有"教—学—练"能够有效对应，评价才能有针对性地发挥积极作用。而这种"对点"评价应该是与当前的综合评价（打分评价）不一样的。

动力支撑，即教学应该有效激发并维持学生的写作兴趣，改变他们写作无自主动机、无核心目的、无实际效应的"三无"状态，促使写作成为一种可持续的生活和学习方式。目前，义务教育阶段写作的"三无"状态，让学生写作完全脱离了自我表达，成了应付检查、应付考试的任务，对于写作者来说，其意义与价值略等于无，自然难以为继。写作动力可以通过外在的激励短暂维持，但是要让学生养成良好的写作习惯，就必须激发其表达的欲望，维持其写作的内生动力。据相关研究表明，人其实具备一定的表达欲望和表达需求，但这要建立在自己真实的见闻感思之上的。这也是写作教学应该特别注意的。

第一节　理论支撑：追根溯源以正其本

在重新架构初中（含小学高年级）叙事类写作教学体系框架之前，我们必须先明确什么是写作，写作的本真状态是怎样的，什么是叙事，叙事的一般形态是怎样的，叙事写作归属哪种体裁，这种体裁具备什么样的特质，当前课程标准对写作的要求是什么，这种要求对于写作教学具有怎样的指导意义，当下初中学生认知的阶段性特征以及他们对生活的感知以什么形态为主，等等。

一、什么是写作

什么是写作？从形式上说，写作是人们运用语言文字记下见闻感思；从本质上说，写作是个人内在情感的流露，是人与人之间交流思想、传递信息的渠道。写作行为最早可以追溯到语言和文字形成的原始社会，其实就是用符号来记录、传递信息。

从写作行为的发生过程，我们可以将它分为三个阶段，即采撷材料阶段、作品构思阶段、写作表达阶段，写作"从生活起步，经过感官采撷、思维加工、语言表达而终结于文章"[①]。在这三个阶段中，第一阶段的"中心任务是解决材料的来源，为使写出来的文章'言之有物'"，"写作者至少得具备如下几种能力：观察能力、感受能力和收集能力"。"第二阶段的中心任务是运用写作思维来加工素材，以使文章能够'以情动人''以理服人'"，"这就需要具有思维能力、炼意能力和选材能力"。"第三阶段的中心任务是选择恰当的表达形式"，"这就需要具备布局能力、语言能力和修改能力"。[②]

---

①　巍饴.大学写作学［M］.北京：高等教育出版社，2022：5.

②　巍饴.大学写作学［M］.北京：高等教育出版社，2022：5.

需要明确的是，写作的起始点在生活实际，如果脱离生活，写作也无从谈起。

二、叙事类写作中的"情节"与"场景"

杰拉德·普林斯的《叙事学：叙事的形式与功能》一书中，是这样定义"叙事"的："叙事是对于一个时间序列中的真实或虚构的事件与状态的讲述。"[①] 很显然，这种定义中的讲述对象有两种形态：一为事件；二为状态。

所谓"事件"，在英文中为"event"。与"thing"相比，它更侧重于"不寻常的、重大的"事情。讲述这类事情往往需要交代清楚前因后果，即事情发展的动态过程，这与我们的"叙述一件事"的理解比较吻合。真实的事件讲述尤以新闻报道最为显著，如统编版八年级语文上册《消息二则》，作者以简明严谨的语言呈现了"百万大军横渡长江"的整个过程。虚构事件的讲述尤以小说体裁最为显著，如《羚羊木雕》，作者以生动细腻的笔触，清晰交代了羚羊木雕赠予—索要的前因后果。

所谓"状态"，互联网搜索引擎中的解释为"人或事物表现出来的形态"，是指现实（或虚拟）事物处于生成、生存、发展、消亡时期或各转化临界点时的形态或事物态势。简而言之，是指某一时空内，客观物质存在的相对独立、相对稳定的片段式的表现形态。我们把这种相对独立、相对稳定的片段式的生活状态叫"场景"，它可以是静态的，也可以是动态的。这是常常被我们忽略却经常被运用于散文写作的一种叙事形态，就好像《阿长与〈山海经〉》写的："但到夜里，我热得醒来的时候，却仍然看见满床摆着一个'大'字，一条臂膊还搁在我的颈子上。"它没

---

① 杰拉德·普林斯.叙事学：叙事的形式与功能［M］.徐强，译.北京：中国人民大学出版社，2013：2.

有交代起因、经过、结果，只呈现一个静态的画面，这也是叙事的一种常态。

在杰拉德·普林斯的叙事定义中，"事件与状态"的表述也表明叙事既可以是动态的叙述，即对"事件"的讲述，也可以是静态的或相对稳定的场景的描写，即对"状态"的讲述。大部分教师和学生在想到"叙事"的时候，往往只想着怎样讲述一个故事，只关注起因、经过、结果，起承转合，环环相扣，也就是上述定义中对"事件"的讲述。这可能是我们在作文教学中犯下的一个重大错误，因为我们忽略了对事物"状态"的再现也是一种叙事。

但是，在教学实践中，叙述"故事"情节和刻画"场景"状态这两种不同的叙事形态并没有引起大家的重视，更没有被严格区分。

统编版七年级语文上册第二单元写作板块的主题是"学会记事"，其中对记事做了以下举例："写清楚是记事的基本要求，一般要写出事情的起因、经过和结果。事情的经过是记叙的主要内容，要重点写，写详细些""理清事情的来龙去脉，再按照一定的顺序有条理地写下来"。随后教材以《散步》为例，依照"起因—出现矛盾—解决矛盾—结局"的叙事线索，填充课文中相应内容。但是，接下来又指出"记事也是为了传达情感，分享体验，因此，还要学会写得有感情"，并以《秋天的怀念》为例，来印证这个观点。"例如史铁生的《秋天的怀念》，回忆了几件与母亲有关的事，都是'我'的亲身经历……"很显然，这篇课文中的几件与母亲有关的事是无法按照"起因、经过、结果"的因果关系进行串联的。课文中无论是"我"在发泄苦闷情绪时母亲的理解和担心，"我"答应母亲去北海看菊花，还是母亲被送去医院，"我"见母亲的最后一面，都是一些"场景"的呈现。

可以说，教材中列举的这两篇课文正好是叙事的两种形态，一个是"故事"型的叙事，以情节走势来吸引读者，诠释主题；另一个是"场景化"的叙事，以生活中真实的场景刻画来表现情感。遗憾的是，教材并没有区分这两种叙事的不同，而是笼统地以"事"和"记事"模糊了其边界，从而未能跟学生明确：叙事可以是讲述一个"故事"，通过交代事件的起因、经过、结果来表达自己的思考和感受；也可以是择取一些生活"场景"，通过碎片化的场景刻画来表情达意。教材更没有明确：叙事无须依赖情节，碎片化的场景刻画也可以成文，甚至更有利于表情达意。

就一篇叙事作品而言，叙事的这两种形态并不是截然对立、不能共存的，而是可以互相包容、互为补充的。"场景"的描写本就是"叙事过程中的一个逗留，细致的描摹能牢牢地吸引住读者，我们可以形象地称之为'慢镜头回放'。对那些重要信息，像电影的慢镜头一样，在时间上予以定格、延宕，通过文字把一个短暂的表情、动作和场景具体化，从而达到'强调'的效果"[①]。

在一篇以讲述故事情节为主的作品里，高明的作者往往对其重要环节进行细致的描述和刻画，这就是"场景"描写。就像电影一样，再复杂的剧情都是由一幕一幕的场景紧密连缀而呈现出来的，只是这些"场景"之间贯穿着逻辑或情感线。长篇小说中也不乏精彩的"场景"描写，它会让故事情节更加丰满，更加有感染力。

同样，以场景为主的叙事作品也可以适时地穿插一些小故事，对场景做一些必要的补充，让场景更加真实，内容更加丰富，更加耐人品读。例如在《从百草园到三味书屋》中，作者在描写其百草园的童年生活时，就穿插了书生夜遇美女蛇的故事，以此表现百草园在自己记忆中的神秘感。又如在《阿长与〈山海经〉》中，阿长对抗长毛的神力让"我"对她产生了空前的敬意，阿长谋害了"我"的隐鼠又让"我"对她产生恨意，阿长给"我"买了《山海经》让"我"感受到了她的善良与对"我"的

---

① 王荣生，宋冬生.语文学科知识与教学能力［M］.北京：高等教育出版社，2011.

关爱，这些都是情节。但在整篇结构上，本文依然是以场景为主，撷取生活中有关长妈妈的点点滴滴，来表达对她的深切怀念。

当然，场景也是可以单独成篇或组合成篇的。前者如朱自清先生的《荷塘月色》，作者呈现的就是夜游荷塘的所见、所闻、所感；后者如《春》，作者则摘取了"春草""春花""春风""春雨""迎春"五个图景，来表现春天的美好。

关于情节与场景的关系，我们可以做如下理解：一是"情节"和"场景"是叙事的两种基本形态；二是"情节"和"场景"都可以成为叙事文章的主要形态；三是"情节"是由不同"场景"在同一逻辑关系中串联而成的；四是"场景"描述中可以穿插与该"场景"有关的情节；五是在优秀的叙事类作品中，"情节"大多不能脱离"场景"而单独存在，但"场景"可以以单独或多个组合成篇。

三、树立"场景"叙事观是创新开展写作教学的基础

依上述理解，既然"情节""场景"都是合理的叙事形态，那么首先我们应该做的就是不应该将叙事的眼光局限于"讲述一件事"，而对生活中呈现的某一"场景"视而不见，给学生造成一种叙事一定要编故事的假象，局限他们的素材搜集范围，约束他们的叙事思路。其次，"场景"是情节的基本组成单位，而且可以独立成篇，初中阶段开展"场景化"的叙事不仅没有违背叙事规律，而且较之于"情节"塑造，夯实"场景"描写的基础对学生写作能力的提升更加重要。这就为写作教学在叙事形态的选择上提供了一种新的可能。

有教师会进行独立"场景"的描写教学与训练，但绝大部分都是以片段作文的形式进行的；也有教师固执地认为，即便"场景叙事"可以独立成篇，它也依然是叙事的一种特殊形态，只能适应于某些特殊题材的写作。

这都是因为我们长期把叙述故事情节作为唯一的叙事形态，确实难以在短时间内接纳别的样式。但是，如果立足于阅读体验，就不难发现，在叙事类散文中，对"场景"的刻画呈现远超过对故事情节的叙述，即便是在小说，特别是长篇小说中，对"场景"的刻画呈现也非常多。

我们可以这样认为，"情节""场景"两种形态本质上不存在主次之分，但"场景"作为"情节"的基本构件，对它描述的能力也是讲故事能力的基础，是所有叙事形态都必须具备的。如果"场景"写不好，那么想要写出精彩生动的故事也难于上青天。所以，在义务教育阶段的叙事类写作教学中，对学生进行"场景"写作能力的教学和训练更为重要。

于是，就有了我们要讨论的核心概念——场景化叙事。"场景化"写作正是基于这一理解而提出的一种新的写作教学思路。

四、什么是场景化叙事

参考普林斯的定义，我们可以这样界定"场景化叙事"这个概念："场景化叙事"，即对一个时间序列中的真实或虚构的状态的陈述。具体来说，"场景化叙事"，即以生活中的某一或某一组"场景"为描写对象，通过组织文字对其进行画面式呈现。

"场景化叙事"以"场景"为叙述单位，重在对相对稳定的生活场景或情境的刻画。通过对某一或者某一组"场景"的刻画，来表达自己对生活的观察和感悟，从而完成对于某一主题的塑造。判定"场景"与"情节"有一个简单的标准：在同一空间、连续时间内呈现出来的相对稳定的情境叫"场景"。比如话剧，一幕（同一背景、连续时间）即为一个"场景"。如果要拍成视频，一个镜头装得下的（能够"一镜到底"拍摄完成）便是"场景"。

以《叶圣陶先生二三事》为例，文章详细叙述自己同叶圣陶修润课本时，叶圣陶请作者帮他修润，作者感于前辈的恳切，就遵嘱直接改了，但若一两处叶老认为可以不改，反要去再征得作者的同意，这便是"情节"。后面叙述作者去看望叶老，老人家要一送再送，要穿门越阶，鞠躬致谢，直到目送他上路，才转身回去；叶圣陶晚年已不能起床，对来访者还是要举手打拱、连声致谢等内容便是"场景"。

它与"情节化叙事"的区别在于："情节化叙事"以起因、经过、结果的逻辑链为轴，进行线式铺排；"场景化叙事"以时间和空间为界，对这一时空范围内所发生的人物活动及其背景进行点或面的呈现。"情节化叙事"以叙述作为主要的表达方式，追求清晰地呈现故事起因、经过、结果的全过程；"场景化叙事"以描写作为主要的表达方式，追求画面化地呈现生活"场景"。"场景化"写作只需要直观感性地呈现一个生活的横切面，"情节化"叙事却需要对生活进行剥离和重整，形成一个清晰的因果逻辑。

当然，"场景化"写作并不排斥写完整的故事情节。相反，如果能够将完整的故事情节分解，以场景的方式进行叙述，只要详略得当，衔接自然，故事叙述就会张弛有度，节奏从容，鲜活生动，不至于像流水账一般苍白琐碎。所以说，"场景化"写作能力是叙述故事情节的基础能力。

基于以上的理解，我们认为"场景化叙事"没有违背叙事的基本原则，符合叙事学基本原理，只不过是倚重叙事中的一个分支作为写作训练的主要阵地。

五、选择场景化叙事的依据

作为义务教育阶段叙事写作教学的主要形态，场景化叙事主要有三个依据：第一，基于学情；第二，基于文体特性；第三，基于新课标的要求。

（一）基于学情

学生对生活的认知方式决定了叙事写作应该选择"场景"作为基本

单位。

叙事类写作教学面对的是中小学生，他们的生活阅历尚不丰富，理性分析能力不强，虚构能力极其有限，所以教学只能以他们对生活的直观感受为基础，借助简单的叙事技巧，来记录他们对生活的认知和体会。

那么，学生对生活的直观感受是怎样的呢？

其实，生活的物质形态是一个由形、色、声、气、味、质构建的立体图景。它随时间变化，永不停息。假设时间可以静止，那么那一刻，这个世界一定是一幅巨大的生活百态图，就像《清明上河图》一样。不过，图画仅存其形，如果是真实的生活，必定声常在，气长存，味常鲜。实际上，时间不会静止，那么这一幅幅静态的画面就像电影胶片一样，相继出现，形成一幅流动变化的"场景"集合。

众所周知，人与客观世界联通的渠道无非是眼、耳、鼻、口、肤，从而产生"五觉"。外在客观世界的信息同步或不同步地被感知器官接收，形成了一个形、色、声、气、味、质兼具的立体心理图景。随着时间的推移，客观图景随之变化，反映在人们意识中，心理图景也就持续更迭，并连缀成了永不静止的生活样貌。

——这是人们对生活的直观感受。

眼、耳、鼻、口、肤只是接收信号的器官，它们会根据大脑指令做出一些无意识的筛选，并根据先后顺序将信息进行一体化整合，但不会针对所有信息进行分析加工。就像眼睛只捕捉光，而不辨其美丑，耳朵只捕捉声音，而不会辨其雅俗。我们的综合感官系统对生活场景的捕捉，也只是物理上的先后，而不辨其因果。捕捉信息完成以后，经过人类意识的辨识、分析和加工，才有了爱憎分明，条清理晰。

客观世界的因果关系确实存在，如开花结果、勤劳致富等，还有许多不为我们所知的因果关系。但是，这种逻辑关系是内在的、隐性的，不能被人类感官捕捉并传递给大脑。就像一只南美洲的蝴蝶扇动翅膀，是一个单独的图景，而美国得克萨斯州的龙卷风也是一个单独的图景，二者之间的联系需要科学家去研究、验证，从而形成有理有据的逻辑阐释，以晓世人。

逻辑是人类的思维成果。只有具备高级思维能力的人类，才能将客观世界"因"和"果"图景之间的关系提炼出来，形成我们的思维解读成果。

——这是人们对生活认知的高级阶段。

这种逻辑解读能力是在长期的实践积累和学习中获得的。人的思维成长是一个由简单到复杂、由浅显到深刻、由低端到高级的过程。我们经常说小孩子比较感性。所谓感性，康德在《纯粹理论批判》中指出，它是通过被对象刺激的方式来获得表象的能力。从产生来源来讲，它首先是建立于客观对象刺激主体的感官之上的。与感性相对应的是理性。理性是指能对事物或问题进行观察、比较、分析、综合、抽象与概括的一种思维认知过程。它是建立在证据与逻辑推理基础上的思维方式，是人们把握客观事物本质和规律的能力，是人区别于其他动物的各种能力之母。而这种思维能力就包括我们在成长过程中不断发展的逻辑解读能力。

感性认识是理性认识的基础，理性认识依赖于感性认识。离开了感性认识，理性认识就会成为无源之水，无本之木，这是唯物主义的基本原则。理性认识是感性认识的升华，是感性认识经过思维加工后的智慧成果。在人的一生中，感性认识与理性认识总是互相渗透与并存的，没有纯粹的感性认识阶段，也没有纯粹的理性认识阶段。即便是成年人，其感性认识也是我们感受生活的一种非常重要，甚至占主导地位的方式。

孩子们的情绪相比于成年人，很容易变化，但是他们很少会在情绪过后去思考其背后有怎样的外在客观因素和内在的心路历程，从而得出一个合乎逻辑的因果链（理性思考偏弱）。所以，我们会发现，考试考砸了，伤心的是孩子，但要求做反思的是教师。对于同样的客观存在，成年人和孩子的反应是不一样的。

中小学生思维正在成长期，很多成年人一眼就能看穿，无须专业人士解释的基本常识，对他们来说似乎并非如此。所以，从思维发展水平来看，中小学生对生活的感性认识要远远超过他们对生活的理性解读。对于生活，他们看到的更多是原汁原味的客观图景，比如他们能够很快熟悉歌曲旋律，甚至一字不落地唱出流行歌曲的歌词，但是并不在意歌词的内涵和意蕴。同样，他们对过往生活的记忆也是偏感性的。在学生的记忆库里，或许画面丰富，图景清晰，但零散无序，他们一般不会去梳理自己的成长经历，更不会去反思自己的经历得失。

所以，他们有回忆，但少反思；有经历，但是没有故事。他们的喜乐烦忧都是以生活片段的形式被直观保存着，爱与被爱都放在自己的直观体验感中来判断。他们的生活片段只用时间来排序，即便其中包含着因果关系，也往往被忽略。

——这是学生（未成年人）对生活的认知特征。

他们的记忆库中，大部分生活场景无序而零散，极不易保存，很多画面会随着时间的推移而被慢慢淡忘。然而，记忆库就是学生的素材库，在作文教学中，我们有责任帮助他们扩充记忆库的容量，丰富记忆的内容，从而充实其素材储备。其中，最主要的是引导学生学会主动保存自己生活中的点滴记忆，并通过有效途径，驱动他们强化有意识的观察和体验，主动获取生活中的感性素材，学会在脑海里复现并用文字呈现出来。

"场景化叙事"突出画面化、片段式，着重描写生活中令人难忘的点点滴滴，这至少在形式上是与真实生活合拍的。写作需要的素材形态只有与生活呈现出来的物质形态同步同频，才能够让生活现象进入学生的写作视野。其实，如果我们留心，会发现很多名家名作都是以叙述生活场景为主。比如，史铁生在《合欢树》一文中，叙述了自己 10 岁、20

岁时与母亲相处的场景，后来又回忆了母亲种下合欢树、自己与院里邻居闲聊的场景，表达自己对合欢树的牵挂、对母亲的怀念。

案例很多，不再一一列举，但可以肯定的是，这样的文学作品之所以能够感人至深，很大一部分原因就是它写出了生活的真实一面——真实是感人的基础和前提。对照同类题材的名家作品与学生习作的叙事形态，我们就会发现中小学叙事写作教学中的内容与他们的实际生活之间的巨大隔膜，很可能就是叙事形态与生活形态不同步造成的。

我们认可这样的理论："叙述是动的，与时间相关，记叙人物、事件的变化和发展历程""某一篇记叙文之所以生动，多半是因为那件事本身生动；之所以平板，多半是因为那件事本身平板"。[①] 精彩的情节叙述"得有婀娜的身材，才有曲线美好的旗袍"[②]。中小学生的生活体验和思维发展阶段特征，决定了他们的作文不能像成年人的一样以典型的人物形象或精彩的故事情节取胜。比如，学生以母爱为主题进行写作，只想着通过某一件事（情节）来表现母爱，而生活中又缺少这样的典型情节，所以为了完成任务只能编故事。学生生活中缺少母爱、感受不到母爱吗？不见得。母爱一定会在生活日常中通过某些语言、动作、神态表达出来，学生一定可以感知得到。但很多学生碰到母爱类的作文竟然无从下手，只能说我们写作的导向和要求出现了问题。

"叙事场景化"，最核心的观念就是淡化故事情节，注重对生活场景的呈现，让叙事形态与生活形态保持一致，真正架起写作与生活之间的桥梁，让二者走入真正良性互动的轨道。写作促进学生对生活的观察和体验，引导学生思考和感悟生活；生活让写作更加真实和生动，让学生

---

① 王荣生.阅读教学设计的要诀：王荣生给语文教师的建议［M］.北京：中国轻工业出版社，2014：49.

② 王鼎钧.作文七巧［M］//王鼎钧.作文三书：第1册.北京：国际文化出版公司，2007：14.

的内心更加丰富，表达更加真诚。这正是我们现在极其缺乏又极其重要的写作价值所在。

可以说，场景化叙事，一方面可以让生活原汁原味地出现在学生作文当中，让真实成为作文的主流；另一方面也能够为学生写作提供可观察、可体验的具体真实的对象，帮助学生扫清写作的第一个（素材收集）障碍，让他们更加容易进入写作实践。

综上，我们认为，要改变现阶段写作教学的窘境，首先，我们得回归生活，尊重生活的场景形态特征；其次，要尊重学情，尊重学生对生活认知的阶段特征，让学生能够以自己擅长的方式去获取生活素材，表现自己心中的生活图景；再次，我们要真正让教服务于学，而不是让学屈从于教——帮助学生跨越障碍，是教的职责。而选择场景化叙事，就是将生活呈现的直观样貌作为叙事对象，有效化解写作素材需求与生活供给之间的隔阂，帮助学生走出写作困境。

（二）基于文体特征

学生叙事写作的文体趋向于散文，"场景化叙事"更加符合散文的文体特征。

初中叙事类作文到底属于哪一类文体？目前并未有明确的界定。王荣生教授把目前我们中小学作文称之为"小文人语篇"，认为这是一种特有的"文体"，也可以叫"优秀作文"体或者叫"考试作文"体。王教授同时还明确指出"从文章体式的角度看，'小文人语篇'其实就是'散文'"。刘锡庆教授也有类似的论断，他认为我国中小学生的作文，"实际上是'散文'的习作"，"其特点及写作要求大略与'散文'相同，只是由于它'文学性'不足，一般较难跨入文学文体中'散文'的殿堂"。

我们基本认同当前中小学作文在文体上具备明显的散文特质，但是还未达到文学性散文的审美标准的观点。

对于散文文体界定，叶圣陶先生采用了四分法，"除去小说、诗歌、戏剧之外，都是散文"①。经过现代学者的进一步研究，王荣生教授主张将小说、诗歌、戏剧归为纯文学一类，将散文权作杂文学一类，新闻、学术文章等则归为实用性文章一类。对于散文的特征，王荣生教授的阐述为"被剩余""无规范"这两点。

"被剩余"是指界定散文向来用"排除法"，凡是文体不清的，就会被认定为散文。在古代，骈文之外便是"散文"；在现代，小说、诗歌、戏剧之外便是散文；在当代，凡形成文类规范、能指明文类特征的亚文类逐渐被分离出散文，如演讲词、科普小品、杂文等，虽然散文范畴越来越窄，但依然是"被剩余"的一类。即便在当前已经离析出来的亚文类中，我们还是没有找到学生叙事作文应该归属的文类。所以，它依然处于"被剩余"的范畴，可归于散文。

"无规范"是指散文的内容题材广泛多样，在形式上无拘无束。但散文大体上都是叙写日常生活，是作者以其独特的情感认知，叙写在日常生活中的独特发现、感悟以及人生经验，它是"与我们日常生活经验最为接近的文学样式"②。"无规范"既是散文的特征，也是散文的审美追求。当然，学生目前的写作品质无法达到"无规范"的审美追求，无论是题材还是形式。但是从写作内容的指向看，它与我们《标准》中相关表述还是非常契合的（见下文）。从这一点来说，初中叙事类写作也应该归类于散文。

既然属于散文，我们首先就应该厘清叙事类散文的文体特性。根据写作学的相关论述，散文是"通过某些生活片段和景物的描述，表达作者的真实思想情感，并揭示其社会意义"的。它"篇幅短小，形式自由，

---

① 叶圣陶.关于散文写作［M］//俞元桂.中国现代散文理论.南宁：广西人民出版社，1983：156.

② 王荣生.散文教学教什么［M］.上海：华东师范大学出版社，2014.

不必具有完整的故事情节和人物形象"①。

在谈到散文写作时，巍饴先生也认为，散文"是按照作者的主观意图来构思谋篇，它所可以追求的不是故事性、戏剧性和客观对象的典型性，而是作者对客观世界的主观感受，是抒情性。它虽然也写人物、写事件、写冲突，但它写这些往往只是捕捉一个侧影、一个片段，一个梗概，甚至一鳞半爪，星星点点，不像小说、戏剧等叙事文学那样来的完整"②。

郑桂华博士认为，从文学作品与生活时空关系来看，典型的小说往往必须展示一段相对完整的生活时空——故事，而"小品散文，却正相反，它不需要结构，也无所谓因果关系，只是不经意地抒写着经验感受的一切。它所表现的正是零星杂碎的片段人生"③，反映的往往是一定生活中的某些时空、情绪或思考的片段。所以，现代作家汪静之在《诗歌原理》中指出："诗歌比较注重情调，散文比较注重描写。"郑桂华博士指出，叙事散文不像小说那样记叙事件的完整过程，而是记录作者在过去某一时间、空间里见闻的过程，即"我"的经历。

根据这些论断，我们不难发现，散文的叙事方式本身就偏向于"场景化"，并没有要求情节完整和叙述技巧。碎片化的记叙更加有利于作者表达对生活的体验、感受和思考。

鲁迅先生说，他"有了小感触，就写些短文"，而"得到较整齐的材料，则还是做短篇小说"④（短文即散文、杂文一类）。可以说，散文所写的都是日常生活中平凡的人和事，就像汪曾祺先生的《端午的鸭蛋》《昆明的果品》《草巷口》《泡茶馆》《新校舍》一样，写的都是细小琐碎的

---

① 张会恩，范湘其．写作学基础［M］．长沙：湖南师范大学出版社，2002：419.

② 巍饴．大学写作学［M］．北京：高等教育出版社，2022：225.

③ 詹姆斯．小说的艺术［M］//伍蠡甫，等．西方文论选（下卷）．上海：上海译文出版社，1979：511.

④ 鲁迅．《自选集》自序［M］//鲁迅．鲁迅全集：第四卷．北京：人民文学出版社，2005：469.

生活日常，却让"日常生活审美化"，平淡质朴，恬淡优雅，别有一番滋味。

综上所述，不难发现，散文要求弱化故事情节，强化描写生活场景，以有质感的画面，呈现写作主体对生活的观察、体验与思考。这与我们倡导的场景化叙事对叙事形态选择的基本原理非常吻合。

但是，当前叙事类写作教学弱化对义务教育阶段叙事类写作的文体性质界定，没有清晰地把握不同文体的特质。从强调情节的完整、叙事的波澜、人物的典型及埋伏笔、设悬念等叙述技巧的教学来看，既偏离了散文的文体特征，又特别强调要遵从叙写生活实际、要表达真情实感的散文精神。教学思想的模糊混乱、目标与路径的脱节甚至矛盾，导致学生无所适从。

（三）基于课程标准

《标准》对初中阶段学生的叙事类写作能力做出了明确要求，如"写作要有真情实感""根据表达的需要，围绕表达中心，选择恰当的表达方式""表达意图明确，内容具体充实""做到文从字顺"等。该标准不仅没有任何关于对故事情节塑造的要求和标准的表述，甚至没有提到要求故事情节的完整性，但反复强调写作应该源于生活实际，真实具体。

《标准》对7～9年级写作教学的要求一共有8条，在此简单罗列并做解读：

其一，"多角度观察生活，发现生活的丰富多彩，能抓住事物的特征"。这是对写作准备的基本要求。强调要贴近生活，全面参与生活，真切体验生活，要学会接收处理生活信息，表述生活信息及自身的感受。从"观察""发现""抓住特征"等表述中我们不难发现，《标准》更多地指向直观地感受生活的物质形态，即场景，而不是情节。

其二，"写作要有真情实感，表达自己对自然、社会、人生的感受、体验和思考，力求有创意"。这是对初中阶段写作目标的概述，写作目的是表达对自然、社会、人生的感受、体验和思考，对象是"自然、社会、人生"——这也要求写作者要进入真正的原生态的生活，生活才是"感受、体验和思考"的土壤。"力求有创意"并不是强调形式上的求新求异，更多地指向写作者对自然、社会、人生要有自己的思考，不人云亦云。对于写作来说，个性化的表述最依赖个性化的表述内容，有创意最可靠的取向是感受细腻、体验真切、思考独立。

其三，"根据表达的需要，围绕表达中心，选择恰当的表达方式"。这是对写作立意的要求，"表达的需要"在当下的写作教学中被弱化，或者被狭隘地理解为出题者的意图，这是需要批判改变的弊端。对于真正本质意义上的写作行为来说，写作应该有其自身要承担的功能和需达成的目标，这是写作的出发点和落脚点。只有在真实的情境中，面对需要解决的真问题，"需要"才具备真实的质感。在真实的表达"需要"下，才能确立表达的"中心"，并由此选择"恰当的表达方式"。如果我们仅仅着眼于考场写作，写作"需要"不清晰，缺乏现实意义，那么"围绕中心，选择表达方式"就成了依葫芦画瓢的技术模仿，内在逻辑不清晰，学生的"理解"和"表达"难以贯通。

其四，"合理安排内容的先后和详略，条理清晰地表达自己的意思"。这是对写作中布局谋篇的要求，"条理清晰"需要行文思路畅通，"详略得当"需要精准把握素材与主题之间的逻辑关系，表层是否合理考量的是深层思维是否到位。要达到这个标准，需要提高学生对生活素材的观察、感受、理解能力，对主题的提炼能力，以及在写作前的构思和写作完成后的修改能力等。

其五，"运用联想和想象，丰富表达的内容"。这是对学生拓宽写作思路、开阔写作视野的建议和要求。联想，即由此及彼，通过某一触发点的牵引，顺延到其他与之相关的生活经历，由此实现由点到面的叙述态势，以有限的列举来展现生活的常态。"想象"，在心理学上指在知觉材料的基础上，经过新的组合重新创造新形象。它来源于大脑中储存的记忆材料，记忆材料越丰富，想象才越有质量。这就要求我们在提供方法的同时，也要注重引导学生深入体验生活，积累丰富的生活经验，而这种经历也必然是场景式的。

其六，"表达意图明确，内容具体充实"。"表达意图明确"需发生在真实情境中。在当下写作教学中，大部分学生缺乏真正的表达意图，写作只是应试之作，这是我们写作教学亟须化解的难题。所谓"内容具体充实"，则要求学生在真实观察的基础上，对具体的见闻进行有质量的刻画，所抒发的情感具体而真实。《标准》强调"具体充实"，这一原则性表述要求我们的教学重心应该放在写作内容上，要引导学生去观察、体验生活，才能打好写作基础。

其七，"注重写作过程中搜集素材、构思立意、列纲起草、修改加工等环节，提高独立写作的能力"。这是针对写作过程教学的建议，我们作为教学者，应该引导学生形成良好的写作习惯，培养良好的写作行为。其中，"搜集素材"对学生写作具有特别重要的意义，它直接指向学生的生活实际，是写作必要的准备和铺垫。如何帮助学生到实际生活中去获取积累素材？这是写作教学中重要的环节和课题。

其八，"借助语感和语文常识修改自己的作文，做到文从字顺"。"文从字顺"是《标准》里针对语言品格的基本标准，这个基本标准与第六点的"内容具体充实"相互呼应，为当前写作语言的审美取向做出了明确指引。作文中好的表达应该能够真实具体地呈现学生的所见所闻、所感所思，能够让读者通过文字触摸到作者的情感与思绪。这种语言审美追求没有指向语言表达的技术指标，没有纯粹追求语言形式上的新、奇、美，淡化形式上的丰富多彩，同时也有突出内容真实、情感真挚的审美导向，学生"文从字顺"的表达能力应该在表达真实内容的过程中生成并逐渐优化。

《标准》中针对初中阶段写作教学的相关表述，应该让我们清醒地认识到，写作教学不是简单的技术性指导，而应着眼于学生写作综合能力的发展。从观察生活起步，在学生增强生活体验感、提升生活感受力、深化生活理解力的基础上，通过必要的教学措施，指导学生用恰当的语言文字、合理的篇章布局来表达自己的所见所闻、所感所思，优化写作品格，提升写作质量。其中，大部分表述集中于写作内容层面，对写作形式层面的技巧和要求涉及不多，标准也不高，并未达到文学作品的标准要求。

《标准》从学科顶层设计层面明确了培养学生写作能力的导向性：一方面要求学生将写作植根于现实生活中，培养基本写作能力，训练思维品质；另一方面，借助写作引导学生关注生活，主动去感受、体验、思考生活，塑造健全的人格，培养积极健康的世界观、人生观和价值观。写作既是目的，也是手段；写作教学既要关注结果，也要注重过程。

如果写作需求与生活供给无法顺利对接，就会造成无法满足写作需求又白白浪费生活供给的后果。所以，要让写作与生活真正融合互促，就必须让二者同频共振。我们选择场景化叙事，就是让写作需求的素材形态与生活供给的直观形态相统一。当生活供给的形态无法改变，就只能改变写作的需求形态，让需求的素材形态主动适应生活形态，这样才能有效化解困局。反之，生活形态是场景的组合，我们写作却顽固地要求叙写一个完整的故事情节，两者之间存在的隔膜非常难以突破，给学生顺利写作造成极大困难，以至于后续的写作教学无法开展。当生活形态与写作需求合拍了，写作才能变得顺畅，《标准》的要求和导向才有可能落地。

因此，根据学生认知的阶段特点、散文的文体特征以及《标准》的相关要求和参考意见，我们会发现，在义务教育阶段的叙事类写作教学中，场景化叙事更加符合学生的认知规律，更加适切散文的文体需求，更加符合《标准》的导向。

在写作教学实践过程中，准确地掌握场景化叙事的相关原理，为让写作真正成为述写生活、表情达意的工具和载体做好铺垫，把准方向，这样才能有效化解当前叙事写作中存在的教与学不匹配的问题，既能让学生顺利跨越写作前期障碍，顺利进入写作状态，也能暴露其写作上的缺陷和盲区，为教学提供必需的明确靶标，让写作教学真正走向有效。

六、场景化叙事的基本特征

（一）写作素材以场景为基本单位

场景化叙事以生活场景作为素材的主要来源，通过叙述生活场景来表达对生活的感受和思考。写作反映生活，写作素材来源于生活，生活呈现的物质形态就是场景，所有喜怒哀乐都包含在这一帧帧画面中。画面对于人的刺激是感性的、直观的，这也是场景素材最显著的特征。写作应该主动保持与生活形态同步，以原汁原味的生活场景作为基本写作素材，将自己得到的信息用文字表现出来，这是最基础的写作能力，是我们写作教学的根本任务。

每个人的生活经历不同，但是所面对的场景往往类似。就比如周末去公园玩，大家走走停停，放下争吵埋怨，拍照聊天，一派温馨。如果用文字来描绘它，再冷漠的人也能从字里行间嗅出幸福的味道。这样的场景并不罕见，很多人都经历过，而文字便唤醒了这种记忆。即便自己没有经历过，但也一定见过，羡慕过，那这些文字带给他的又会是另一种触动，这类场景正是场景化写作所需要的素材。我们需要引导作者通过对这类场景的观察、体验、刻画，表达自己的真实感受，这是写作教学的关键环节和主要目的之一。

在日常的写作教学中，我们布置一项写作任务（用于日常训练的写作任务）时，就应该充分预设学生能否用相应的场景素材来完成。教师可以先自己构思，在面对这一写作任务时，自己脑海中能不能浮现相应的画面。只有画面存在，学生才能够运用视觉、听觉、嗅觉、味觉以及触觉去充分获取信息。当信息输入不成问题，文章输出才具备可能。比如，写作任务是"一件难忘的小事"，面对这样一个标题，我们脑子里就很难出现合适、具体的画面。但如果任务是"我家的年夜饭"，画面是不是就立刻浮现出来了。学生在面对这两个写作任务时，关注点是不一样的。前者关注是这件事的起因、经过、结果，还要"小"而"难忘"，这些元素没有一个是确定的，搜集素材就像大海捞针，很难浮现一个具体的画面。而后者关注的是那天晚上吃的是什么，哪些人在吃，在哪里吃，吃的过程中说了些什么，玩了些什么，这些元素都是实实在在发生过的，只要不是时隔太久，素材就是现成的，写作起来自然轻松得多。

（二）场景写作注重画面刻画

任何一个场景都具备画面的特质，这就注定了场景写作的主要任务是呈现画面。当成熟的读者阅读一个动人的场景描写时，脑海中会不由自主地浮现出相应的画面来。所以，场景无论是说还是写，"很有画面感"总归是很高的评价。就像鲁迅先生在《从百草园到三味书屋》一文中描写先生读书的状态："'铁如意，指挥倜傥，一坐皆惊呢；金叵罗，颠倒淋漓噫，千杯未醉嗬……'我疑心这是极好的文章，因为读到这里，他总是微笑起来，而且将头仰起，摇着，向后面拗过去，拗过去。"这就很有画面感。

要让场景写作有画面感，关键在于描写要具体、准确，有条理。描写，是指用形象生动的语言文字再现人物、景物的具体形象。这是记叙文和文学写作常用的表达方式，也是场景化叙事最基础、最重要的写作能力。所谓具体，就是不抽象、不笼统，细节内容很明确。比如，描写先生读书很陶醉，鲁迅先生是通过描写具体的表情、动作，把先生读书的样子呈现了出来，即便没有"陶醉"二字，却也让读者似乎看到了先生自我陶醉的样子。所谓准确，就是选词用词与实际情况相贴合。比如，鲁迅先生描写雪地捕鸟："用一支短棒支起一面大的竹筛来，下面撒些秕谷，棒上系一条长绳，人远远地牵着，看鸟雀下来啄食，走到竹筛底下的时候，将绳子一拉，便罩住了。"其中动词选择就非常准确，"支""撒""系""牵""看""拉"将捕鸟的过程简洁清晰地呈现出来，让读者如亲睹现场，并能模仿操作。所谓有条理，就是不颠三倒四，如鲁迅先生描写三味书屋："从一扇黑油的竹门进去，第三间是书房。中间挂着一块匾道：三味书屋；匾下面是一幅画，画着一只很肥大的梅花鹿伏在古树下。"脉络清晰，层次分明，这样才有利于读者把握整体，关注局部，捕捉细节。

文字成文是逐字逐句线性排列的，不能在瞬间直观地呈现整个场景。所以在叙述场景的时候首先要"把综合的物体景观加以分解、特写"①。任何一个画面都应该由背景和焦点组成。而背景与焦点的区分在于主题的需要。一般对于场景而言，背景包括自然环境和人文环境（包括场景的特殊氛围营造）。而焦点往往集中于焦点人物，或者能直接体现主题的事物。这种横向的分解能够让描述变得从容有条理。

背景的描写基本上是一种状态的描述，属于静态或者准静态的描摹。而焦点的分离主要在于它能更直接地体现主题，而这种体现往往在焦点的"形、神、语、动"中实现。所以，焦点的刻画大多是动态的。动态场景的写作，"实际上把瞬间发生的事定格、延长"②，然后一一铺排。这种纵向的分解能够让描写变得形象生动。

当然，某一场景一定是在特定的情境中，也正因为如此，它才具备叙述价值，所以在刻画场景之前，有必要做好情境铺垫。例如《背影》，

---

① 王荣生．语文课程与教学内容［M］．北京：教育科学出版社，2015：100.
② 王荣生．语文课程与教学内容［M］．北京：教育科学出版社，2015：100.

"父亲"的背影之所以给作者留下深刻印象，具备深沉而浓厚的感人力量，是因为它正好出现在祖母去世、家境破败、父亲受到打击、父子别离的多重悲痛情境之下。

如果是多场景组合，无论场景与场景之间是存在逻辑关联还是情感关联，都应该做好衔接与过渡，要简洁、清晰、自然。

（三）多场景的写作需要合理运用联想

场景属于点面的刻画，情节则注重线的铺排。如果一篇文章当中需要描写多个场景，那么，场景化叙事与情节化叙事的场景之间的衔接方式是不一样的。

情节线的铺排注重承接关系。如果文章以叙述情节为主，主要场景应该是在同一逻辑内，基本要求是详略得当，其实就是选择几个关键场景进行细致刻画。在写作实践中，几个详写的关键场景只需要根据事件进展，按照时间先后排列，或者根据需要适当调整——倒叙、插叙，每个场景之间做简单过渡就可以了。

如果是"场景化叙事"，叙事单位本身就是一个个相对独立的场景，即几个场景处于不同事件的逻辑管辖内，它们之间只能依靠某个统一的媒介去维系。常见的是以情感作为纽带，或以线索作为纽带。以情感为纽带，即根据主题情感表达的需要来搜集筛选素材和组织成文。文章主题情感可以是一以贯之的，比如亲情的温暖、人性的善良等；也可以是发展变化着的，比如对师爱的领悟、性格的历练等。无论是哪一种，都可以按照情感状态搜集相应的场景，通过对场景的刻画表达自己的情感体验。当然，在写作时我们需要根据主题重心决定各个场景之间地位和关系，进而决定其详略。以线索为纽带，即根据行文中既定的线索作为触发点，搜集与之关联的多个场景，并在文章主题的统筹下，筛选适合的场景进行写作。线索的种类主要包括：情感线索，即前文所述的以情感为纽带；事情的发展顺序线索，即"情节化叙事"中的起因、经过、结果，也包括地点变换线索，比如游记写作中的移步换景和定点观察；以某一物、一景一人为线索；以人物的某一句话、某一个动作、某一个神态为线索。当然还有其他线索，此不赘述。

这种纽带背后的，其实就是联想思维。联想是人类独有的本能，是一种高级的心理活动。美国心理学家吉尔福德曾把人的认知活动划分为五个方面：知识、记忆、发散思维、聚合思维和评价，其中联想就是发散思维的一种。它是指人的大脑将一事物与另一事物相互联系起来，通过其中共同的或相似的规律，实现思维的迁移或视线的转换。联想思维在写作中非常重要，联想思维越强，写作思路越开阔。联想是一种非常自然的思维表现。例如，当我们偶然翻到一个许久不见的朋友的信息，脑子里会很快浮现出他的样子，回忆起他曾经说过的话，想起跟他在一起的有趣画面，甚至联想到在某时某地不期而遇的惊喜画面，等等。

但是，在我们写作教学中会发现，学生在写作中很少运用联想，具体表现为其写作经常只是围绕一件事，从因到果，叙完即止。为何联想思维机制在学生身上无法启动？关键还是学生在写作时无法以亲历者的角色主动融入情境，情感未被真正触及，纯粹以局外人的姿态来编撰材料，本身所具备的联想能力就难以发生作用，即使能够将联想作为一种纯技术手段进行运用，也少了几分纯粹和自然。

所以，在强调运用联想思维的同时，我们必须先引导学生叙真事、讲述真实的体会和感动。只有具备了这个前提，联想才能真实有效地发生。在"场景化"写作中，在学生有了丰富的真实素材做坚实基础时，联想就可以作为搜索、筛选场景素材的一个重要途径。在写作中，联想表现为从"这一幕"想到了"那一幕"，这样幕幕相连，文章内容就充实了，主题也就丰盈了。

第二节　素材支撑：因势取形以浚其源

二十世纪八九十年代，章熊先生前后十几年负责全国高考命题工作，做了大量开创性的奠基工作。他们成立了高考作文评分误差课题组，做了大量调查、统计和研究，得出许多很有价值的结论。其中，他们注意到，在写作评估的内容、语言和结构三大要素中，内容的作用最大，它在拉开分数距离方面的能力比其他两项强得多。这也从评价维度印证了在写作教学当中帮助学生解决"写什么"远比"怎么写"要重要。

一、场景化素材取向为叙事写作素材教学提供了可能

场景化叙事需求的素材是场景式的，与生活的表现形态一致，这是打破写作素材与生活原貌之间隔膜的关键。

可以说，场景化叙事消弭了写作与生活之间的巨大差异，为学生获取、积累素材提供了必要的物质基础，让写作走向叙写真实生活成为可能。但学生如何获取素材、应获取怎样的素材、如何有效积累、如何运用等一系列的问题，是否就能够随着物质基础的奠定而迎刃而解？获取素材"需不需要教""能不能教""要怎样教"等问题仍需要我们去进一步思考。

学生获取素材需不需要教？

首先，我们应该思考，是否经历过某一生活场景就意味着已经获取了这一素材？当然不是。很多时候，人的经历是被动的，外在客观世界的各种信号（如形状、颜色、声音、气味、质感等）不断地作用于人的感官系统，但是未必能被全盘接收并形成相应的心理图景。真正获取素材，需要有意识、有目的、有计划地去观察和体验。

其次，生活场景无时无刻不在，如此海量的场景并不都能成为写作的对象；而且人的精力有限，不能时时刻刻都在观察、体验，尤其对于

学生来说，很难在完全自发的状态下进行。

所以，我们要有这种基本认识：学生获取素材是需要有目的，有计划，有方法的，这不是其与生俱来的能力，需要通过有效的教学和相应的训练去慢慢培养。

那么，如何教会学生利用有限的时间和精力，在海量的生活图景中选取适合的写作素材？需要提醒的是，获取素材的教学不能只停留在"立标准"上，在写作教学中类似的教训太多，有时候一不小心就会落入窠臼。真正有益的素材教学要能够帮助学生获取并积累一批素材，这是衡量教学是否有效的最基本、最直观的标准。

在当前的教学体制下，教与学很难一对一地开展，那么在一对多的教学活动中，教学内容应该指向受众的共性话题。素材来源于生活，学生生活中如果有共性的一面，那么素材也应该存在统一的可能，只要存在共性，教学就存在可为的空间。同一时代、同一地域、同一班级的学生在生活经历中应该有许多相似之处，所以，从理论上来说，获取素材是可教的。

在此基础上，我们再来探讨"能不能教""要怎样教"的问题。

二、找到素材的共性是开展获取素材教学的前提

在当前的叙事类写作教学中，大家并不是觉得如何获取素材不需要教，而是很多人觉得教不了如何获取素材。所以，在写作教学中，教师用命题、半命题设定主题，还可以提供一些导语或材料，但是从来没有提供具体素材的。究其根本，就是我们对素材统一不抱任何希望。如果将素材局限在一个真实事件里，那么他人是绝不可能代劳的，因为只有自己才是亲历者——除非是上帝视角的小说作者。而且，一件事情的各个环节（暂且分为起因、经过、结果）是在内在逻辑的贯通下按照时间有序组合的，它们如果相同，那么故事也就雷同，即便是真实的，也难

免老生常谈，难以出彩。如果我们要求素材具备典型性——这是我们对学生写作的要求——那么该事件内各个环节或部分环节就更加不能相同甚至相似。这就是我们常常认为获取素材是不可教的原因。

也有部分教师通过打磨升格的途径帮助学生修改某一篇文章的素材，让叙事更加符合评判要求，更加贴合批卷教师的喜好，甚至按照自己对生活的理解，修正故事主线，夸张人物做派，增加细节描写。经过这样的精细打磨，文章自然增色不少。问题是这一篇修改得精彩，是否能让学生在下一次写作中学会如此写作？这就是个问题了。通过对少量文章的修改升格，让学生根据示范讲授对自己的作文进行升格修改，这其中教与学的照应关系其实并不明显。教师的修改大都着眼于这篇作文的具体问题，根据自身（成年人）对生活的经验提供建议，但是每个学生的作文与例文并不一样，他们面对的具体问题也不一样，需要提供的升格措施更不会相同。学生能否触类旁通则是另外的问题了。

如果要通过教学手段帮助学生解决获取素材的困境，就难免要统一内容，找到不同人生活中具有共性的经历。而适合统一素材写作的只有场景，即生活中无时无刻不呈现在我们眼前的立体的画面或在同一时空中流动变化的动态片段。

场景的特征是同类不同款，它在形式上以共性特征存在于学生的实际生活当中，但在内容上又各自保留着鲜明的差异。所以，它既能够支持统一素材的写作教学，又能有效保障学生习作的鲜活个性，也让写作更加贴近生活，为写作发挥育人功能提供了坚实的基础。

所以，获取素材不仅能教，而且在场景化叙事教学视域下，获取素材的教学路径并不复杂与艰难。

还应该强调的是，写作实践与素材积累并不是各自独立的，更不是先后相承的关系。不是先完成积累素材，才能够进入写作实践，二者应该在统一的写作训练进程中。反映在教学上，教学与训练的过程就是学生积累素材的过程，以教学与训练为支架丰富学生的素材积累，以日常习作充实学生的写作素材库。

三、教师确定场景类型，学生写作训练

传统的写作教学主要是写作技法的教学，学生观察、积累都是自发的（非自觉），缺乏有效引导、督促与协助。场景化叙事写作教学是以挖掘素材的写作实践为主轴，重在教学生挖掘平常生活中可进入写作范畴的具有普遍性的常规场景素材，并以提供的具体场景类型作为写作任务，实施写作教学的训练。

学生对生活素材本身缺乏识辨能力，再加上个人经历不同、叙事形态趋向情节化，所以，让学生自发地统一写作素材几乎不太可能，那么统一写作素材的重任自然就落到了教师的肩上。教师要凭借自己的专业写作知识和生活经验，从海量的生活场景中择取一些既有写作价值，又普遍存在于日常生活中，或者可以在常态条件下进行体验的场景作为目标素材，然后将目标素材设计成写作任务进行布置。这样不仅解决了学生挖掘积累素材的难题，也有效避免学生有抄作文、套作文等行为。

这里可能有教师会提出两点质疑：第一，挖掘目标场景由教师代劳，是否违背了以学生为中心的教学原则；第二，统一场景的写作训练是否会造成另一类八股文的出现？

其实不然。

关于第一点质疑，我们需要强调的是：首先，在写作教学中，素材只是其中的一个环节，只有解决了这一障碍，学生才能真正写起来。而我们目前并没有更好的方法去帮助学生获取和积累素材。其次，写作教学应该让学生在写作实践中获取写作知识和经验。只有学生真正进入写作状态，才能体现其学习的主体地位，相反我们如果对学生遇到的困难熟视无睹，只是灌输一些写作知识与技法，忽视学生的需求，让学生在

没有实践体验的基础上去记忆、理解教学内容，才是真正违背了以学生为中心的教育规律。再次，我们帮助学生挖掘适当的目标场景，仅适用于学生学习写作的初期阶段，当经过一段时间的写作训练之后，学生写作思维渐渐成熟，他们对生活的观察、体验和思考会让他们逐步习得如何辨识具备写作价值的素材、如何在生活中获取有价值的素材。

关于第二点质疑，我们需要强调的是：同类场景不等于同一场景，虽然是由教师统一布置，但是具体到每个学生，同类场景呈现出的样态是不同的，写出来的作品自然是各有其味的。其次，场景化写作主要训练学生写作的基本能力，而且根据场景性质、特点会侧重于某一项或某几项写作技法的学习和训练，但学生在以后的自觉写作中所面对的情境、目的各不相同，最终还是回归到综合写作能力。就像我们一开始进行舞蹈训练时都会学下腰、劈叉等基本功，练好之后舞蹈才会各有特色、摇曳多姿。再次，丰富的素材来自平常的点滴积累，统一素材的写作训练其实也是积累的过程，素材逐渐积少成多，学生的写作才会更加丰富多样。

其实，确定素材的写作训练古已有之。例如《世说新语》中《咏雪》一章，谢太傅看窗外雪骤，于是欣然命题——"白雪纷纷何所似？"，兄子胡儿曰"撒盐空中差可拟"，兄女曰"未若柳絮因风起"。这就是微型化的以确定题材为题的写作训练。古人向来喜欢"命题作诗"，传唐天宝十一年（752 年）秋，杜甫与高适、储光羲、岑参、薛据同登大雁塔，并以此行各赋一首五言诗。其中薛据的诗亡佚，其他四诗都得以流传。《红楼梦》中描写宴会、诗社等时，"命题作诗"也很常见，如咏菊花、螃蟹、柳絮等。当然，写诗与作文不同，但是在确定素材的方式上值得我们借鉴。

这种以既定场景为写作任务的方式，与当前的命题思路（以主题框架为写作任务）大相径庭，因为它跟规定写作教学中的审题、立意、选材等教学主张明显有冲突。传统的写作教学思路几乎根深蒂固，想要改变任重道远。

但如果深想就会发现，传统的命题思路背后的逻辑是：教师在课堂上实施了相关教学，然后通过命题作文来推动学生实操运用或考查学生学习所得，大体上属于以教定学。而既定场景写作背后的逻辑是：先让学生在生活中进行观察、体验，帮助他们顺利进入写作实践，通过实践暴露问题，然后针对问题开展教学，真正是以学定教。所以，既定场景的写作更加适合义务教育阶段叙事类写作教学。

四、"场景化"素材教学的实施路径

"场景化"素材教学的目标是，通过有效的教学实施，既帮助学生挖掘积累一批写作素材，也对学生开展有效的写作训练；既锻炼学生观察、记录生活的能力，也引导学生养成关注身边人、身边事的生活习惯，养成解读生活、反思生活、感悟生活的良好生活态度，无形中实现写作的育人价值。

基于这一点认识，帮助学生走出素材困境的写作教学内容便极易获得。

（一）以写作任务为抓手，引导学生到生活中观察

鲁迅先生曾把他的写作经验总结为四句话，"静观默察，烂熟于心，然后凝神结想，一挥而就"。"然后凝神结想，一挥而就"彰显了鲁迅先生作为大文学家的天赋异禀，一般人难以企及，但是写作之前的"静观默察，烂熟于心"确是大家应该学习，也是可以学习的。

积累生活场景，关键在于留心观察。"观察是写作主题有目的、有组织地凭借自己的眼睛、耳朵及其他身体感官去认识某个对象的知觉过程。它与人们平时那种随意的、情绪性的、轮廓性的看着显然不同"。[1] 观察

---

① 巍饴. 大学写作学 [M]. 北京：高等教育出版社，2022：18.

是主动地、有目的地、有计划地去看，去听，并伴随着有意识地记忆。

基于观察的特性，我们要有预见性，即要知道哪些场景值得观察，我们的写作需要哪些主题元素，它们有可能出现在哪些场景中。这种心理建设对于我们获取有价值的生活素材十分关键。所谓有心，其实就是能够敏感地捕捉到日常生活中蕴含的情味、富于启迪的生活场景或细节。

而这种心理预设恰恰是学生比较缺乏的，也正是我们教学的价值所在，我们应该通过有效的措施和明确的指引，引导学生主动观察生活细节。而最有效的方式就是以写作任务为抓手。教师可根据自己的生活经验以及对生活的理解，从日常生活中挖掘一些有写作价值的场景，并将它设计为写作任务，驱动学生到生活中去寻找、发现、观察，然后完成写作任务，这不仅达到了积累素材的目的，也锻炼了学生的写作能力，培养了学生走进生活、观察生活的良好习惯。比如，一般家庭都会有全家福，都会有老房子，孩子都会跟父母共进晚餐，等等，这些场景都是写作的好素材，我们可以将这些内容作为写作任务，提前让学生去观察和体验，搜集素材，然后进入写作。在这样的反复实践中，培养学生对生活素材的审美取向和判别能力，逐步习得自主获取素材的能力。

（二）主动创设场景，让生活变成我们想要的模样

有时，观察还是比较被动的，只有生活提供了，我们才能观察，可有时候生活不一定会如我们所愿。当预设的美好情境被打破时，观察也就无法达成。

所以，这时候需要我们主动去创设场景，在创设中去体验，去感受，这样产生的素材才更加珍贵。比如，我们可以主动邀请父母晚餐后散散步，可以主动跟父母聊聊天，也可以策划一次野外午餐等。初中生已经具备了这样的组织能力，自己创造的生活往往别有一番风味，它会让我们的写作更加生动，让我们的生活更加有趣，也会让我们所期待的美好变成真实。

（三）走进生活，融入生活，热爱生活，做生活的有心人

抛开写作任务抓手，在日常的生活学习中，我们也可以随时随地引导学生获取、积累素材。按照第一章所述，素材根据呈现形态可以大致分为三类，即知识素材、场景素材、故事素材。不同类型的素材获取的途径是不同的，积累的方式也各异。这就需要我们去逐项分析与实践。在谈分类获取、积累素材的途径之前，我们首先应该认识到，既然素材来源于真实的生活，那么无论哪一类素材，都需要学生走进生活，充分接触生活，亲身体验生活。如果两耳不闻窗外事，整天沉迷在网络虚拟世界里，游离在生活外围，积累素材也就无从谈起。

这给我们在日常生活中获取素材提出了一个大前提——学生必须具备丰富的体验。无论是在学校，还是在家里，我们都应该想方设法引导、督促，甚至帮助他们脱离长时间所处的单一状态。在学校，我们不仅要丰富课堂内容与形式，还应该有多彩的课余活动和集体生活；在家里，不仅要精减作业，创新作业内容和形式，还应该多开展有意义的家庭活动和户外体验。在帮助学生获取素材中，教师不是唯一的导师，家长要更多地承担起这个角色，因为对日常生活的体验更多是在校外。如果家长放任不管或者亲子沟通不畅，那么学生获取素材、积累素材只能靠个人自发体验，也就有可能导致学生即便体验很充分，但是表述能力依旧不高，这样写作需求仍旧得不到满足。

当我们营建了良好的体验氛围，在丰富多彩的生活当中，学生对生活中的各种元素有了接触，进一步了解它们自然就变得简单起来。如果有一个热爱生活的人在旁边带引，获取素材就水到渠成。比如，妈妈带着孩子在公园玩，向孩子介绍各种有趣的花花草草，引导孩子用手指触碰含羞草的叶子，让孩子凑近闻一闻栀子花的香。爸爸带着孩子去钓鱼，教孩子怎样制作饵料，怎样打窝，怎样调漂，怎样甩竿，怎样判断鱼咬没咬稳钩，怎样起竿……其实，这就是获取素材的方式。

（四）保持对生活的好奇心，养成自主积累生活素材的好习惯

如果孩子的身边没有这样的导师，那么作为学习主体，他们还有哪些获取素材的路径呢？

一要做到多看、多问、多查阅。积累生活知识素材十分必要，甚至可以说迫在眉睫。但是，如何才能有效获取知识素材，成为一个生活小达人？

首先要保持对生活的好奇心，具备了解生活的欲望。网络上流行这句俏皮话，"旅游就是从一个自己待腻了的地方去一个别人待腻了地方"，道出了一个貌似不合情理的常理——大部分人对身边熟悉的客观环境存在认知疲劳，缺失观察了解的内驱力。因此，常常导致人们目睹其物而不知，比如院子外种着一排低矮的小树，四季常绿，但你却很少去打量它，也不知道它是什么树，什么时候开花，什么时候结果。所以，要想获取丰富的知识素材就必须打破我们对身边常见事物的认知疲劳，积极地去观察，去了解。多问，保持与人沟通的良好习惯。成年人对生活的了解和认知要远远超过一个初中生，多问问长辈、家长，可以积累很多生活常识，这些常识可能对平常的学习生活所起作用不大，但在写作中却有出其不意的作用。多查阅，可以读一读科普类的读物与工具书，还可以借助一些网络工具，当前各种软件等非常多，用起来也特别方便。平时留意得多了，接触得多了，知识自然就慢慢丰富起来。

我们在指导学生写作的时候也应该有要求，尽量以具体的名词出现，少用概括性的名词。比如"小河边"，最好就写清楚这是什么河；"路边的花"，最好就写清楚是什么花，学名是什么，或者俗称是什么。我们很难接受一个人夸夸其谈自己对某事物有多热爱，但是却对它一无所知。以写作的要求引导学生在日常生活中去积累生活百科知识，其实也是教学内容的一部分。

只有充分认识生活，积累足够的生活知识，才能更加充分地表达生

活，让自己的写作充满生活气息与真实的感染力。

二要及时记录素材，合理利用网络工具。无论多么真切的体验，随着时间的推移也会慢慢褪色，所以我们要学会记录。

日记是一个非常重要的记录手段，也是学生写作水平提升的一种重要途径。但是很多时候我们总是想着典型的故事，如果我们总以有价值、有意义、典型等标准来写日记，那么值得记录的资源确实不多。下面是几则鲁迅先生的日记：1913 年 9 月 4 日，"午约王屏华、齐寿山、沈商耆饭于海天春，系每日四种，每人每月银五元"。1915 年 5 月 9 日，"夜半邻室诸人聚而高谈，为不得眠孰"。1915 年 12 月 29 日，"理发"。鲁迅先生的日记与学生的当然不一样，但我们可以从中获得一些启示，日记不只是为了记录精彩生活的，平淡而琐碎的生活点滴也是值得记录的，有话则长，无话则短。

在日记写作教学中，破除日记写作压力是最关键的，我们要帮助学生树立正确的日记观，培养其写日记的习惯。先要解决从无到有，然后才能从弱到强。要清晰地界定日记与作文的区别，以作文的标准去写日记，日记势必就成为学生沉重的课业负担，难以为继，而真实的生活依然难以进入日记，导致收集素材的目的也随之落空。所以，我们要打破有头有尾、有主题有情感、有细节有修辞的束缚，让日记真正成为日记。

科技迅猛发展，网络时代已经来临，大部分学生都有手机、平板等电子设备，各种网络元素已经深入他们的生活。很多人都喜欢通过朋友圈或 QQ 空间来记录日常生活点滴、存储照片等。所以，我们不妨与时俱进，引导学生通过电子软件记录生活。

三要按时温习素材，以记录反思与成长。我们的思考或感触在记录的当时就可以直接抒发，这样的文字真挚而感性，但是经过沉淀之后往往会更理性、更深沉。所以，当我们记录了一些生活素材之后，应该养成一种回顾温习的习惯，避免遗忘。在我们回顾这些素材时，可以进行旁批，以表达当下自己对过往的感悟和思考，这会让素材更加丰盈，更加有厚度，有深度，能够更加直观地表现自己心智的成长，成为人生的一种宝贵财富。

上述获取、积累素材的方式需要学生在日常的学习生活中逐渐主动习得，教师在教学中应积极引导，加强管理，以督促学生有效落实。但是，我们要如何有效引导和支持学生呢？如果仍然循着"选材"的思路，每次写作训练都是提供一个主题框架，然后让学生自发地组织素材，那么积累就会失去方向，陷入被动、消极。在大的框架下，学生发挥的空间较大，但大框架也为学生消极待事提供了机会，有的学生一件小事写三年就是典型表现。生活场景无时无刻不在产生，也无时无刻不在消失，不抱着积累的心态去细致地观察、体验，就很难将有用的观察结果和体验感受保存下来。

学生自己搜寻积累的一手生活素材才是真实鲜活、独一无二的。它的丰厚只能依靠学生慢慢去经历，去沉淀，没有别的手段可以代替。但是，如果教师对素材的认识模糊不清，对素材积累毫无头绪，只是一味地要求学生去落实，那么所谓的积累就往往沦为应付，劳而无功。而教学的价值恰恰就是，告诉学生什么样的素材值得积累，怎样做才能有效服务写作与成长。"场景化叙事"为有效积累素材提供了一种可能性，值得我们教学借鉴并做进一步优化。解决学生的素材困惑是帮助学生走出写作困境最关键的一步。教学措施能否真正转化为教学收益，是考量写作教学是否有效的根本，教学供给始终要服务于学习需求，能够提供素材支撑是场景化叙事写作教学有效的保障。

获取积累素材的过程比较漫长，所以试图通过几次的教学与训练就想看到效果估计很难。我们应该保持足够的耐心和定力，立长远而谋当下，一步步夯实学生的写作素材储备，这才是正确的素材教学之路。

第三节 语言支撑：有的放矢以增其色

一、写作用语与生活实践用语的差异存在

曾经听到一个老师教学生说，"写作文很简单，把自己说的用文字记下来，说什么就写什么"，并美其名曰，写作文应该"平白如话"。"平白如话"确实不假，质朴的语言确实能写出精彩的文章。但如果学生真的按老师说的这样写，估计习作品相也不会太佳。写作与说话最根本的不同在于，说话大都是即时的交流，问答相应，写作虽然也是交流，但不是即时性的，它必须比较完整地表达自我的所见所闻、所感所思，而且不是在问答的形式下进行的，写作比说话要复杂得多。

即便落实在语言层面，口头语与书面语的差异也非常大。除去方言中的词汇差异、有无表情辅助、可否肢体传达之外，口头语更加简短明快、通俗自然，书面语则语句雅正、结构严密，而且在表达方式上，口头语与书面语也明显不同。

我曾经在执教的班级做过一次有关口头表达的调查研究：全班52个学生，让他们把当日说过的话语凭印象抄录下来，半天共收录对话803句，其中记叙612句，描写120句，其他71句。由此可见，在日常的口语表达中，记叙类的表达占比超70%，比如，"吃饭去啊""我中午就吃了个面包""作业还没做完呢"等。描写类占比不足15%，而且其中大部分的描述都很简单，如"今天的炸鸡排好好吃""新来的实习老师好可爱"之类。从这项调查中不难发现，学生日常表达基本都是比较简单的记叙，只求把事情说清楚，这也是交流沟通的实际需要。而描写所占比例少，因为描写主要是分享自己的主观感受，侧重传递自我的审美趣味。审美趣味的分享也是交流沟通的一部分，但由于口头交流时大家大都在现场，有目共睹，语言上的需求并不旺盛。

比如，两人来到一树紫藤萝下，甲对乙说："你看，这花多漂亮！"乙看了看，说："是的，这种颜色真好看！"交流就完成了。如果甲对乙说："你看，每一穗花都是上面的盛开、下面的待放。颜色便上浅下深，好像那紫色沉淀下来了，沉淀在最嫩、最小的花苞里。"估计乙会不耐烦地跑掉了。

写作正是在缺乏现场感的前提下，作者需要向读者分享自己在现场时所获取的审美体验，所以只能依靠自己的语言文字，将自己观察到的画面复现出来，让读者如闻其声，如见其形，如获其感，从而与作者实现共鸣。所以我们发现，许多文学作品中描写性的语言非常多，而且往往直接决定了文章的品格。

王荣生教授在谈到语感时，把它分为基础语感和高质量的语感两种。在生活中，人每天都要通过语言进行思考和交流，这种通过大量的言语刺激而形成的能听会说的语言能力就是基础语感，这种语感人人都具备。而高级语感则侧重于准确、形象、生动、优美地运用书面语言的能力。

高级语感与基础语感互相联系，相互影响。高质量的语感是在基础语感上发展起来的，基础语感会影响、制约高级语感的形成。而在常规的教学中，我们对学生高级语感的培养不够，导致学生目前的写作用语基本都是凭借基础语感，以简单记叙将事件交代清楚的。他们不具备描述场景的意识，自然也就缺乏场景描写的能力。口语基础语感的侵入，导致学生写作语言苍白，表达形式单一，甚至语病百出，夹杂方言。

二、描写与叙述两种表达的不同审美标准

"说明文是为了解释事物，使人明白；议论文是为了阐明道理，使人接受；记叙文是为了叙述事情，使人知道；描写文是为了描绘情景，使

人感知。"① 如果说记叙是为了让他人了解事件的大致情况，而描写则是为了让他人更好感受到事件过程中的某一画面或者细节，从而更直观地体会到作者所要表达的情感或理趣，进而把握文章的主题。描写"是叙事过程中的一个逗留，细致的描摹能牢牢地吸引住读者，我们可以形象地称之为'慢镜头回放'""通过文字把一个短暂的表情、动作和场景具体化，从而达到'强调'的效果"②。这是文本中描写的价值所在。

两者相比，口语偏重于简单叙述，书面语则重于描写。评判叙述，主要标准是清晰、简洁，有条理，能否让他人知道情况。评判描写，主要标准是形象、生动、优美，能否让他人感同身受，获得审美体验。所以，叙述更倾向于实用，描写更倾向于审美。这就决定了口语与书面语的品质是截然不同的。如果我们真正把自己说的话用文字记录下来，能否形成语篇暂且不论，即便能也未必能被认可。

那么叙述表达的优劣体现在哪里呢？从其本身的品质来看，主要看其是否清晰、简练、准确。但是从阅读体验来看，读者的注意力更多会放在叙述内容上，比如叙述内容是否真实完整，过程是否跌宕起伏、扣人心弦。"某一篇记叙文之所以生动，多半是因为那件事本身生动；之所以平板，多半是因为那件事本身平板。"③ 王鼎钧老师有一个很形象、很贴切的比喻，他说记叙首先"得有婀娜的身材，才有曲线美好的旗袍"④。故事本身平淡无奇，很难通过叙述技巧变得惊心动魄。所以要让叙述精彩，首先就要求作者在设计故事情节上别具匠心。

① 王荣生，宋冬生.语文学科知识与教学能力［M］.北京：高等教育出版社，2011：80.

② 王荣生.阅读教学设计的要诀：王荣生给语文教师的建议［M］.北京：中国轻工业出版社，2004：49.

③ 王荣生.阅读教学设计的要诀：王荣生给语文教师的建议［M］.北京：中国轻工业出版社，2004：49.

④ 王鼎钧.作文七巧［M］//王鼎钧.作文三书：第1册.北京：国际文化出版公司，2007：14.

真正生动优美的语言大部分集中在描写上。我们在阅读理解考试中不难发现，语言赏析题选择的大多是描写类语句。以《2020 年广东省初中学业水平考试语文卷》第 17 题为例。第（1）小题，体会下面语句加点词语的表达效果："莉君的心被揪扯了一把。"第（2）小题，结合上下文，在横线上补充母亲说话时的神态或语气，并说明理由："母亲____地说：'这下可好，你就不得不多陪妈一阵子了，走不脱了！'"两个句子都是人物描写，考点分别是心理描写和神态描写。类似例子很多，之所以都不约而同选择描写类句子进行赏析，是因为其鉴赏空间大，承担的语言审美功能要远超过叙述。这也从侧面印证了描写类语言与常用语保持着相当的距离。

从两种表达方式的不同审美标准来看，我们常说的要提升学生语言表达品质，让学生的书面表达生动、形象、优美起来，最关键的发力点还是提升学生的描写表达能力。

三、学生描写能力偏弱的原因

《标准》总目标要求"提高语言表现力和创造力，提高形象思维能力"。这直接指向了对学生描写能力的培养，但为什么学生描写能力依然偏弱？虽然学生读了很多范文与文学作品，甚至从小就摘抄好词、好句，但是大部分学生的写作语言品质还是不尽如人意，特别是描写类的语言占比普遍较低，而且苍白单调。如果从输入端看，学生受到的优质语言熏染不够；从输出端看，则表现在写作对描写类语言的需求不足。

从输入一端来看，语感的培养在于长期优质言语的熏染。很多教师可能会有疑惑，明明孩子很爱看书，也看了很多书，明明孩子能保质保量地摘抄读书笔记，积累好词好句，说熏染不够似乎太苛刻。培养优质的语言模型，有赖于优质言语素材的长期熏陶和浸润。"作为语感的刺激物必然是言语内容赖以存在的物质的言语形式，它直接诉诸人的感觉知觉，没有语言的物质存在对人作为语言器官的眼睛、耳朵的刺激与改造，也就不可能形成人的语感。"① 可见，要培养优质语感，只动眼是不行的，最好是眼睛要看，嘴巴要读，耳朵要听，这就是我们所说的朗读。

从多年的实践来看，构建优质语言模型，最有效的方式是朗读。王尚文先生认为对于训练语感来说，出声阅读会让学生更加关注文章的语言，注重构词造句，学生对语言本身的记忆也会更牢固深刻。散文大师朱自清曾经建议学生多"诵读"经典："该让他们多多用心诵读各家各派的文字；获得那'统一的文字'的调子或者语脉——，叫文脉也成。"② 其中"'统一的文字'的调子或者语脉"也就是我们今天所讲的优质语感。

在提倡海量阅读的背景下，一味追求阅读速度和阅读量，虽然一方面确实可以帮助学生拓宽视野、增长见识、培养习惯，但是另一方面，学生对字词句的感受力也在快速浏览中被弱化。其阅读成果可能是：我知道这篇文章、这本书讲的是什么内容，但是对它的语言风格、表达技巧，甚至是字词句的排列组合方式知之甚少。

从输出端看，学生优质的语言表达一定是在长期的实践训练中逐步培养起来的。虽然我们也进行长期的训练实践，但是否能有效针对语言品质培养还要打一个问号——我们常规的叙事写作训练缺少对描写的需求。

我们设计写作任务时，总是遵循考场写作思维，以主题框架为界限，留给学生足够的空间，让学生在立意与选材上自由发挥。而在写作教学中，我们又总是有意引导学生去叙述故事情节，希望学生能把一个事情的情节讲得精彩。于是，就造成了这种现象，但凡能够用一个故事情节去完

---

① 倪文锦，王荣生.人文·语感·对话：王尚文语文教育论集［M］.上海：上海教育出版社，2010：247.

② 朱自清.诵读教学［M］//中央教育科学研究所.朱自清论语文教育.郑州：河南教育出版社，1985：104–106.

成的任务，学生基本上都会毫不犹豫地选择叙述故事情节。他们会习惯性地沿着"情节化叙事"思路，在写作任务留出的空间内去构思一个故事情节。

在写作过程中，学生的注意力会不自觉地集中到塑造和打磨故事情节上。脑海中只关注情节的完整性，极少会浮现相应的画面。我在教学生开展细节描写的时候就发现，很多学生不知道在哪个地方该进行描写，可以进行描写，令描写无处落脚。在写作教学中，特别是在叙事类写作教学的初级阶段，写作任务设计中并没有突出描写需求。也就是说，对于完成任务要求的篇章写作，描写不是必备元素，只要故事情节呈现完整，写作任务就基本完成，这样就导致学生在写作中被动地丧失了训练描写表达能力的机会。

四、在输入端加强出声朗读的训练

语言，这里特指书面语言，它是以文字为物质外壳，由词汇和语法两部分组成的符号系统，语言品质是一篇文章优劣的最外在的表征。语言表达看上去是内生能力，但相关研究表明，它其实是在外来言语反复刺激下，内化而成的一种学习型能力。有质量的语言表达能力往往需要有质量的言语作品的反复刺激与熏陶，在不断实践中缓慢内化形成作者自身的优质的语言模型。

阅读是提升语感的有效途径已经被大家公认，但也有些现实的例子告诉我们，不一定多看书就可以写好文章。每个人对语言的敏感度不同，每一种阅读的目的和方式也不同。有的学生纯粹以获取信息为目的，这种阅读对于提升学生的自身语言品质的意义十分有限。比如，有些学生上课都在偷偷读小说，但是作文却还是非常糟糕，因为他们阅读的唯一目的就是寻找信息——主人公命运如何？线索指向何处？真相到底在哪里？却忽略了语言本身的品质及字词句的组合与搭配，其实与追剧区别不大。这样的阅读自然也就无法成为积累言语素材的有效方式。

什么样的阅读才能有效培养学生的优质语言模型呢？

从实践来看，培养优质语感，构建优质语言模型，最有效的方式就是朗读。因为在逐字出声阅读的同时，人对字词句段及其组合的方式和常见搭配的关注远超浏览。在长期有意识的关注中慢慢感受文字语言本身的魅力并受其熏陶，就能逐渐养成类似的语言风格。我们在执教茨威格的《列夫·托尔斯泰》一文时进行了对比实验：一个班注重出声阅读训练，一个班侧重于句段赏析。在教学结束以后，我们紧跟着进行了一次关于人物描写的写作训练，其中注重出声阅读训练班级学生在描写人物外貌神态上的仿写痕迹明显得多，其中运用反复比喻和夸张，甚至漫画式刻画人物外貌的例子，要明显高于并优于另一个班级。

古语云："熟读唐诗三百首，不会作诗也会吟。""后学之士只能在'多读多写''揣摩模仿'的暗中摸索中，以求自悟自得。"①

我们可以选择一些短篇的文质兼美的文本，坚持频繁的朗读练习，培养优质的语感。但是，目前教材收集的文本数量极其有限，适合朗读的文本不多。所以，首先我们有必要建立班级朗读素材库，也可以发动学生收集自己喜欢的作品、文章，建立个性化的阅读素材本；其次，要选择一个相对固定的时间段，组织全班同学开展自由朗读；再次，我们要搭建朗读展示平台，通过录制朗读视频音频，定期推送到班级公众号，以此带动学生的朗读积极性，营造良好的朗读氛围。当然，我们在课堂教学中也应该注重朗读训练与技法指导，特别是多朗读课文中文质兼美的文学类作品，感受不同文体、不同作者的语言风格。

但是，目前倡导海量阅读，使得朗读无意中被边缘化，甚至被忽略。

---

① 韩雪屏.语文课程知识初论［M］.南京：江苏教育出版社，2011：201.

由于朗读只适应于短篇的、文质兼美的散文诗歌，而且阅读速度慢，耗费精力大，所以得不到应有的重视和推广。但是，如果要提升写作语言品质，出声阅读仍然是最有效的方式。

另外，很多教师都会引导学生做读书笔记，摘抄好词好句，其目的与朗读一样，都是为了积累优美词句或表达方式，但是摘抄可能更加耗时费力。在教学中，我们发现很多学生会按照教师的要求去完成相应的学习任务，但对甄选摘抄内容并不那么用心。而且摘抄之后，并没有后续的跟进学习，这也就成了很多学生为了完成任务而做的应急之举，抄好之后束之高阁，不读不背，只偶尔展示，效果大多不尽如人意。另外，我们还要思考，当好词好句脱离了原有的语境成为独立的个体，是否还具备相当的审美意义和模仿价值？

五、加强描写类写作训练的重要性

（一）能够引导学生对生活进行主动观察和体验

"描述或描写，基于观察""描述或描写实际上把瞬间发生的事定格、延长，把综合的物体景观加以分解、特写"。[①]描述是对观察的重现。没有观察，描写便无从谈起。我们要加强对学生描写类的写作训练，促使学生去主动观察、体验生活。当观察和体验进入一种积极状态之后，学生对生活的认识便会更加真切、细腻，也更容易发现生活的美——这是实现写作人文价值的重要途径。

（二）可有效提升学生语言审美水平和语言表达能力

记叙的优劣往往要仰仗故事情节本身精彩与否，而描写的优劣则更多地取决于描写语言本身。所以，描写类的写作教学更多的是直接针对语言能力的教学。描写的对象是画面、场景，在生活中随处可见，这就

---

① 王荣生，宋冬生. 语文学科知识与教学能力［M］. 北京：高等教育出版社，2011：35.

让语言教学具备了物质载体，学生能够顺利地进入写作状态。在写作过程中，学生要考虑的是如何将画面描写得更形象生动，更有诗意，更有感染力——这就是对语言本身的审美要求。学生写作的注意力被集中到语言表达上，这样就能够达成训练目的。所以说，描写类写作训练是提升学生语言表达能力的有效途径。

（三）符合当前初中生写作学情的实际要求

作为十三四岁的学生，其生活经历极其有限，又没有能力去虚构一个跌宕起伏的故事情节，自然无法纯粹以记叙故事情节来打动读者。

"高明的叙事者会通过具体场景的描写渲染气氛，表现某种情感或情绪。"[①] 从而实现以平常的生活场景来诠释主题，表达情感及自己对自然、社会、人生的感悟。我们在写作教学中应该针对学生的具体情况扬长避短，引导他们通过具体细致、生动优美的描写来弥补情节塑造上的短板。帮助他们用准确流畅的文字呈现普通的生活场景。这是写作教学有效进行的前提条件。

（四）能有效激发学生思考，提升其生活感悟力

观察的过程往往是感性的，而描写的过程则是作者带着情感、意识的加工过程。描写并不是对生活场景的消极再现，它一定会伴随着作者对细节的反复揣摩和品味，这个过程可提升学生的生活感悟能力，提高他们对生活的敏感度，引导他们主动挖掘生活的内涵，让他们对生活的认识变得深刻和理智。

美国英语教师协会（NCTE）执行委员会写作研究小组在 2004 年发布的"写作教学的信念"中指出："作者写作，其实是在思考他们写之前

---

① 王荣生，宋冬生．语文学科知识与教学能力［M］．北京：高等教育出版社，2011：219.

没有仔细思考的东西。写的过程就是一个思考的过程。"[①] 可以说，描写是学生感悟生活的工具，是提升他们解读生活现象、挖掘生活内涵、触摸生活本质的思维能力的重要手段。

六、在输出端提升学生描写表达能力

"场景化叙事"写作能不能有效提升学生描写表达能力呢？首先，场景化叙事的核心就是把叙事形态从单一的讲述故事情节转移到刻画生活场景上。讲述故事情节以叙述为主要表达方式，而刻画生活场景提倡画面化呈现生活图景，描写是其最主要的表达方式，这就强化了写作任务对描写的需求，也给描写提供了更为宽阔的舞台。其次，场景化叙事主张以既定的生活场景作为写作任务，既然生活场景是既定的、具体的，那么它就为描写提供了可供观察、体验的对象，能让学生清晰了解自己要描写的对象的样子。再次，场景化叙事在叙事素材上的统一，能够让学生在写作实践中面对一些共同的程序、共同的难点，会让学生写作暴露出一些共性的缺点，为集中开展描写技法教学与训练提供了较为统一的靶标，有利于教与学的统一。

（一）设计写作任务应该给学生提供充足的描写空间，强化对描写的需求

常规的叙事执着于呈现故事情节，无法有效训练学生的描写能力，这是以前叙事类写作教学的重大弊端。场景化叙事以场景为基本叙事单位，弱化塑造故事情节，主张以呈现画面来诠释主题。比如，常规叙事会以半夜冒着风雨送孩子去医院来诠释母爱，而场景化叙事则主张提取几个场景——夏夜，妈妈一边摇着扇子，一边讲故事；周末了，妈妈准

---

① NCTE，NCTE Beliefs about the Teaching of Writing ，http：//www.ncte.org/positions/statements/writing-beliefs.

备了丰盛的晚餐，一脸满足地看我吃得狼吞虎咽……以此来诠释母爱。

这种叙事要求具体、直观地呈现生活中的一些普通场景。这既给学生提供了充足的描写空间，也提出了基本的要求。这种以写作任务需求为抓手，倒逼学生有针对性地加强描写类写作学习、训练和运用的写作方法，是提升学生语言质量的有效路径。

（二）场景化叙事主张以描写生活场景为写作内容，能够有针对性地训练学生的观察能力和描写能力

有了写作任务的驱动，学生才能够积极地去观察生活中的写作对象。就好像写生一样，我要画出眼前的东西，就必须清晰掌握其轮廓、颜色、光影的变化等，就算画得不那么栩栩如生，能通过观察了解该事物也是一种获得，因为观察本身就是一种能力的训练。

循着这样的认知理念，我们可以根据学生写作能力发展需要去挖掘素材，并设计成写作任务，进而开展相应的教学。例如，我们可以把人物描写细分为外貌描写、语言描写、神态描写、动作描写等，通过写作任务进行有针对性的教学训练，如"看，这就是我妈"侧重人物外貌，"老爸的口头禅"侧重人物语言，"你笑起来真好看"侧重人物神态，"跟着爸爸学钓鱼"侧重人物动作，这种训练能大大增强教学的针对性和可操作性，更有效地落实教学内容。以"看，这就是＿＿＿"为例。站在学生立场，我们首先要确定到底谁是主人公，确定之后人物形象就出现了。接下来要思考的就是如何把这个形象用文字呈现出来，这需要运用一些外貌描写的技巧。课堂上的哪些内容能够帮助自己，怎么用？比如描写顺序，按照从远到近、从整体到局部，先写体形，再写平常的衣着、肢体动作、发型、五官，等等。这样就把写作实践与写作教学联系起来了。当学生作品呈现出来以后，教师在评阅过程中就容易发现其中的共同的优点与不足，这样教学点就产生了，教学相应，才能教为学用。

（三）学生进入写作状态后会遇到各种各样的问题

前期我们已经解决了素材这一关键问题，学生脑海中已经基本具备了相应的画面。现阶段的问题就是如何将其用文字表现出来，或者表现得更加形象、清晰。这就将学生的主要精力集中到表达技法层面上来，形成了对表达品质的自觉追求。同时，也为后续开展针对性教学提供了明确的标靶。

七、加强生活知识储备的重要性

在《标准》总目标的陈述中，明确了义务教育阶段学生写作语言品质的要求："用书面语言具体明确、文从字顺地表达自己的见闻、体验和想法。""具体明确、文从字顺"等字样在针对各学段的要求中也多次出现，"具体明确"指向语言内容，要求不空不泛；"文从字顺"指向语言形式，要求无语病，不艰涩。二者明确指向朴实自然的文风取向，在一定程度上是对追求浮华文风的警示和纠正。

要做到"具体明确、文从字顺"的最基础能力是什么？是生活认知能力。"描写或描述，具体是关键，具体才会生动，才会营造身临其境之感。与语文老师的直觉相反，具体的描写主要靠名词和动词，而不是靠带有评价色彩的形容词——概念化的形容词往往导致不具体和虚假感。"[①]史铁生的《老海棠树》中有这样的描写："春天，老海棠树摇动满树繁花，摇落一地雪似的花瓣。……或者夏天，老海棠树枝繁叶茂……有年秋天，老海棠树照旧果实累累，落叶纷纷……（冬天）窗外，风中，老海棠树枯干的枝条敲打着屋檐，摩擦着窗棂。"细数其中名词、动词及形容词的数量，就不难发现王荣生教授的论述果然不假。

但是，有些学生为了让语言优美动人，只在遣词造句上下功夫，

---

① 王荣生，宋冬生．语文学科知识与教学能力［M］．北京：高等教育出版社，2011：35．

如："春天的家乡充满了生机，那里树木抽出了新的枝条，突出嫩绿的新芽，放眼望去，就像绿色的海洋。山路两旁盛开着姹紫嫣红的野花，红的似火，粉的似霞，白的似雪，鲜花朵朵，争奇斗艳，芬芳迷人，真是美极了！"虽然辞藻华丽，但难免有炫技之嫌，在真实语境中往往缺乏独特风味，华而不实，反而失去了清新和生趣。还不如"海仔湖边，刺桐还没有吐芽，木兰就迫不及待地开了——"

又如《天净沙·秋思》："枯藤老树昏鸦，小桥流水人家，古道西风瘦马。夕阳西下，断肠人在天涯。"有意境的景物描写更多地依靠意象的有机组合，意象的选择有赖于学生审美品位的加持，意象的表述有赖于学生知识的积累。

"描写需要具体，不独对于景物，对于其他也是如此。"[①] 这里所谓的具体，就是具体的物、具体的象，不是光凭着几个形容词、副词，泛泛而谈，而要有具体的物象就必须具备丰富的生活知识，只有足够了解才能行之于文字。

例如，鲁迅先生《祝福》中对祥林嫂的描写："头上扎着白头绳，乌裙，蓝夹袄，月白背心，年纪大约二十六七，脸色青黄，但两颊却还是红的。"简单质朴的文字，勾勒出一个刚经历丧夫之痛，生活贫困、艰辛，但是仍带着走出悲痛的希望的农村妇女形象。但是，学生作品中的描写往往辞藻丰富，但形象却难以具体清晰，名词、动词运用显得单调且偏概念化，比如在描写人物着装时，往往只用"漂亮的裙子""西装革履"之类的词。名词和动词积累的贫乏，反映出学生对生活知识知之太少。他们不知道身边的事物叫什么，不知道某一动作该如何表述，直接导致了描写无法进行。而学生对生活本身知之不多，自然导致其文字中生活气息微弱。从这一点来说，学生对生活的观察、体验和了解程度，

---

① 夏丏尊，叶圣陶.文话七十二讲［M］.北京：中华书局，2013.

直接决定了其描写能力。

但是，我们以往的写作教学对此从来没有相关的引导、支持，甚至提醒。

根据对学生写作实践的调查研究，结合王荣生教授关于"描写主要依赖于名词和动词"的研究成果以及场景特点，我们积极给予学生百科知识的支持，大大降低了学生写作的表述门槛，提升了学生写作的丰富性和准确度。本环节作为写作辅助教学内容，在我们传统的写作教学中常常是空缺（常规写作教学上写作任务指向不具体，不明确，学生的描写内容一直处于虚位和不确定状态，所以百科知识也无法有效对口提供）的，导致学生作文中的描写部分形容词大量堆砌，浮华不实。而把场景化叙事的写作任务具体到某一画面，我们就可以针对画面中常见的生活元素为学生提供相应知识的支持。比如在写作《跟着妈妈去买菜》的时候，我们就可以临时提供一些知识的支持，如"彩条布""遮阳伞""摊位""摊主""菜农""三轮车"以及各种菜的种类等。让描写以实物为对象，能有效纠偏我们常规写作中描写虚化无物的弊病。

综上所述，语言表达能力的培养主要来自两个渠道，即外在的熏陶和有针对性的训练。外在的熏陶主要通过朗读大量优美的语言类作品，以优质语言作品为范本，加强对学生的熏陶和刺激，帮助其构建优质语言模型，培养其优质的语感。很多一线教师已经开始重视这种外在输入的语言培养方式。具备了外在的熏陶，学生的内化和生成还需要有效跟进，这就需要对其进行有针对性的写作训练，通过叙事场景化，加强写作对描写的实际需求，倒逼学生从外来的言语作品中寻求表达元素，并自觉运用到自己的作品中去。这样一来，从输入到输出，一个完整的"学习—内化—运用"的学习链才能有效贯通，学生学习才能有所收获。

第四节　思维支撑：培土搭架以助树其梁

一、什么是"寻意"

所谓"寻意"，即通过提供确定、统一的生活场景，驱动学生从中观察、体验，引导学生探寻挖掘其背后的规律、动因，从而优化他们对生活真实的理解和感悟。相较于"立意"而言，它更加注重培养学生对生活实际的感受力和思考力，注重在其本身的思维框架内潜移默化地提升其思维品质。

按照建构主义学习理论，世界是客观存在的，但是对客观事物的理解和接受却是由每个人原有的知识结构所决定的。所谓学习，是学生在自己原有的认知结构基础上，通过与外界信息的互动，不断形成、丰富和调整自身的认知结构。这就决定了学习是一种量变的过程。新知识的生成是在不断与外界信息互动中循序渐进地发生的，而不是一次性的整体搬迁。从根本上来说，思想构建的主体是学生本人，学生在生活实践中、在阅读中、在与他人交流中、在自我反思中不断吸收能够被自己原本认知结构识别、认同并接纳的新元素，不断调整、优化自己原有的认知结构，逐渐深化自己的思想认识。因此，学生思想的丰盈，应该是学生在学习活动中自主积累并深化获得的，教师或家长无法代劳。作为教师，我们可为的是引导或督促学生开展自主、有效的学习活动，并随时提供必要的支持和建议；不可为的是，将思想成品打包，囫囵灌输给学生。

我们的教学应该调整思路，遵循"寻意"的教学主张，不是我们能给学生什么，而是学生应该做些什么；不是教学生如何"立意"，而是引导学生在生活实践中去感受，去体会，去积累，慢慢发现其背后的情感理趣、价值意义，从根本上提升自己的思想认识水平。有了源头活水，作品中才能自然流露出真挚而深沉的思想结晶。

我们之所以迟迟没有找准这个发力点，很大一部分责任依然归咎于我们对叙事的错误理解。情节化叙事观让素材无法确定，"寻意"的物质基础被架空，"立意"也被孤立成为纯技巧的教学。

所以，我们首先还是应该树立场景化叙事观。当共性的场景成为写作任务之后，学生的观察和体验才会有着落，感情和思想的升华才会有物质基础。当学生真正走进生活且有目的、有意识地去观察生活、体验生活时，就迈出了寻意的第一大步。很多时候，教师甚至不需要做任何点拨和引导，学生也会自主地从用心观察、体验的过程中汲取精神的营养，这是人的思维和情感的本能。

没有一种外在教学能够像写作行为（叙写真实生活的写作）一样，为孩子的内心世界注入真挚而熨帖的心理能量，帮助他们自主构建与修正心灵。如果我们能够不断挖掘学生生活中可以进入写作视野的共性场景，然后将其设置成写作任务，以此驱动学生不断地进入生活去体验观察，整理感悟，那么学生对生活的解读和体验，必然比现在游离于生活圈外，仅依靠教师、家长、阅读材料等灌输要具体真挚得多。这是写作自带的"寻意"功能，但是传统的写作教学没有能够对其进行充分的挖掘和利用。

当然，在此基础之上，我们也可以进行适当的"寻意"指导。很多时候，学生难免会对生活现象产生浅薄的理解甚至误解，这时就需要教师的引导，比如注重细节——特别是人物的神态和下意识的动作；注重人物语言的言外之意，学会换位思考；注重环境的特殊性及人物的应对方式；注重人物反应的心理起因，多追问；学会克制个人感受的片面性，尝试作为旁观者看问题；等等。这些"寻意"指导能够帮助学生更加理性、全面、深刻地对待身边的人和事，而它们也一定会逐渐渗透在学生的作文中，有效提升其写作的主题品格。

立足于写作规律和学生成长规律，在初中阶段叙事类写作教学中，我们应该加强"寻意"教学，以助力学生心灵世界的自觉成长。过度依赖"立意"教学，不仅无法达到预期的教学效果，反而在一定程度上阻碍了学生的成长，消减了写作本身的育人功能。

二、提出"寻意"概念的背景

生活经历太少、思想不成熟确实是造成学生叙事类写作质量不高的原因之一。但是，面对这样的现状，我们更应该积极去寻找破解之法，而不只是消极地归纳原因，否则这些问题就永远得不到有效解决。在当前的学情和学制下，在学生已经具备的生活经历、思维认知的基础上，教学应该主动去探索如何才能让他们的经历更加丰富一点儿，思想更加端正、深刻一点儿。

前文我们讨论过，目前叙事类写作中的"立意"教学，基本上是针对考场写作的，不是真正意义上的"立意"。真正的"立意"必须建立在对现实生活的真实感触和真诚思考上。若要文章立意高，立意深，立意新，首先作者应该有深邃的思想和丰盈的感情。忽略培植学生的思想感情，过分依赖"立意"技巧的教学，则无异于揠苗助长。

场景化叙事以生活化的场景素材作为写作任务的起点，把学生的目光聚焦到生活现象上，这就给学生在观察、体验之后的所想、所感、所思、所悟提供了一个很好的物质基础。而后，我们经过有针对性的写作指导，引导学生通过外在的现象，捕捉其背后的规律、情感。如此便可将思维的开发、提升作为教学内容，指导学生解读和感悟生活，从而让写作变得更加有深度，有内涵。为了与"立意"区分开，我们把这个过程称为"寻意"。

将传统的"立意"教学转变为"寻意"教学，是场景化叙事的又一个创新。"寻意"的起点是观察生活，体验生活，"寻意"的过程就是在写作过程中引导学生回顾生活，反思生活，解读生活，"寻意"的终点就是帮助学生提升感悟生活、思辨生活的思维能力。而这正是落实写作的育人价值，培养学生热爱生活、向善向上的人生态度的关键。

三、"寻意"的原理

一般来说，作文需有主题，主题就是文章的灵魂，也是作者思维品质最直观的表现。如何从素材叙述中把文章主题自然而然地流露并提炼出来，更考验作者的思维能力。对于学生写作思维的培养，不能仅仅停留在文章主题呈现的结果上，更应该体现在主题形成的过程中。一个成功的写作教学体系，不应该只是教学生如何在命题框架内别具匠心、求新求深地"立意"，更应该教学生如何在生活点滴中发现真、善、美的本质，以充实其内心，丰盈其思想。

我们回到写作行为机制中，看看文章的思想品质到底是如何形成的，写作如何反作用于思维，教学怎样才能介入学生的思想成长。

程红兵老师将中学生写作过程细分为"双重转化"：

客观事物→反映→观念（情感）——第一重转化

观念（情感）→表现→文字（文章）——第二重转化

第一重转化是根本，没有客观事物（社会生活），主体认识就不能形成。如果不积极投入生活，主动摄取，客观事物再丰富多彩也不能形成主体的观念或情感。可以说，脱离了主体的积极性，第一重转化就不能实现。第二重转化是发展，没有这次转化，观念仍然是观念，情感仍然是情感，不能成为文章。只有主体积极思考，力求表现，付诸文字，观念才能物化为文章。

如果将这两者进行整合就不难发现，观念（情感）是对客观事物的反映，文字（文章）是观念（情感）的表现，这两重转化是顺承的关系。但是在当前关于"立意"的教学中，我们往往只关注第二重转化，即强调先为文章确定主题——待被表现的观念（情感），而对观念（情感）如何获取则大多毫无作为。

"寻意"教学是如何在两者转化中发挥作用的呢？首先，"寻意"从观察、体验现实生活开始。我们会先将某一具体生活场景设计成写作任务，而后学生在写作任务的驱动下到生活中去观察、体验，形成初步的心理图景，基本完成第一重转化，这其中的观察、体验就是"寻意"的初级形态。其次，"寻意"在写作过程中自发进行。当学生观察、体验过生活的真实场景之后，会对获取的素材进行回顾、梳理，进入写作实践阶段。期间学生会不自觉地产生一些新的感触，这便是"寻意"的自发状态。再次，"寻意"品质在写作教学过程中会得到提升。教师根据选择场景的初衷，对学生开展挖掘场景意蕴的教学，让学生对场景的理解更到位，感受更深刻，从而帮助学生提升作品的主题质量，逐步达到"寻意"的自觉状态。由此，完成第二重转化。

"寻意"的初级形态、自发形态及最后的自觉形态，起始于生活实际，践行于写作过程，贯穿于写作的始终，见证于作品呈现。

四、写作本身自带的育人功能

写作中"两重转化"的顺承关系是否可逆？程红兵老师在《语文教学的常识性回归》一书中指出："作文对学生而言能够促进学生思维，提高思维水平，提高学生的思想修养，陶冶个人情操，促进学生的全面发展。作文的时候，作者的情思会得到升华，会反省自己的经历。"[1] 很显然，相关表述也认为写作是学生思维发展、品质提升的一种有效途径。也就是说，程红兵认为第二重转化其实是可逆的，观念（情感）既是被写作所表现，也被写作所优化。

---

① 程红兵.语文教学的常识性回归［M］.桂林：漓江出版社，2013.

"写作是一种思考的工具。写作并不像以前认为的是从预先录制好的磁带转录的过程，而是一个探索和发现的过程。"[①] 新罕布什尔大学教授唐纳德·莫瑞和唐纳德·格雷夫斯等学者认为，写作是一个思维过程，是写作者探索未知、厘清思路、发现新知识和形成新理解，包括自我理解的过程，强调写作过程是非线性的、曲折的、因人而异的、因作品而异的，反对传统的"结果式教学法"，指出让学生套用已搭好的框架的写法太虚假、不切实际。[②]

当观念（情感）品质提升之后，人们对客观事物的反映会不会产生积极的影响呢？答案同样是肯定的。读书其实也是提升思想水平的一种途径。所谓殊途同归，当一个人的观念（情感）发生改变，那么他眼中的客观事物，他对待客观事物的方式也会随之发生改变，甚至会改变客观事物存在的状态或方式，这就是人类智慧的能动性。

而这种能动性，恰恰是写作应有的育人职责。在关注生活可以成为写作的物质基础的同时，我们也应该关注到写作对学生生活质量的反作用力。

真实的写作，其本身就是回顾图景、梳理情感、加深理解的过程，写作的完成是自我教育、自我提升的实现。具体说来，如果我们自己受了感动，想要把这种感动用文字表达出来，就需要我们在脑海中不断地品味咂摸。因为要将脑海中的图景用文字具体地呈现出来，必定要做两件事："一件事情，是把瞬间发生的事展开来；另一件事情是把综合性的事情分解开来。"[③] 做好这两件事，既是对生活真实场景的回顾和梳理，

[①] NCTE，NCTE Beliefs about the Teaching of Writing，http://www.ncte.org/positions/statements/writing-beliefs.

[②] Murray，D.(1972).A writer teaches writing：A practical method of teaching composition. Boston：Houghton Mifflin.

[③] 王荣生.写作教学教什么［M］.上海：华东师范大学出版社，2014.

也是对自己情绪感触的梳理和过滤，其本质就是对原始的素材和当时的感触进行冷静处理的过程，这会让人们对客观存在和心路历程的认识更加清晰深刻。这种思维过程表现在文学作品中就是"二我差"，是写作时的"我"对现场中"我"的回顾、审视和反省，培养这种认知能力是学生思维品质提升的关键，是人们自我教育、自我提升的根本途径。

由此可见，写作并非我们单向地以文字来表达自己对生活的认知与感受，也无形中改变着自己对生活的情感态度，并依此建构自己的世界观、价值观，逐步优化自己的生活品质。从理论上看，写作不仅是思想的外化表现，也是净化情感、观念，优化思想品质的内生手段。

当我们清醒地认识到这一点，写作的育人价值才有了具体的途径。应以写作驱动学生走进生活、观察生活、体验生活，强化、优化学生对生活的认知和感悟，进而增加学生的生活阅历，提升学生的思维品质，深化学生的思想境界，最终会对学生以后的生活产生积极影响。由此，我们可以得出以下结论：写作教学本身的育人价值要比提升学生写作能力更加重要。但是，当前的写作教学，无论是"立意"还是"选材"，在事实上都割裂了写作与生活的互动关系，不仅不能帮助学生有效提升写作能力，而且让写作的育人价值落空。

五、应试类命题不适用于"寻意"写作教学

唐纳德·格雷福斯说过，教师出题就是不让学生对自己的生活有深入的思考。写作要让学生写自己的东西，让其体会到自己思想感情的重要性。总让学生写教师出的题，就等于暗示学生教师的问题才是重要的，自己的思想和情感并不重要。美国学者认为，教师命题是因为不相信学生有真实的思想和情感。其实，学生也有思考，但是被题目束缚住了，他们觉得自己的思考不值得写，这就等于把他们自己的生活否定了。这样的写作教学就无法让学生发现自我。从相关的表述中，我们发现大家

讨论的教师命题，与当前以框定主题方向作为写作任务的命题极为相似，二者都聚焦在写作主题取向上，表现为以教师为主导，而忽略了学生的主体地位。

当前应试类命题作文大都以一个主题框架为考场写作任务。这当然有其合理性，但是我们将其照搬到学生日常的写作教学与训练中，并美其名曰"真题写作"，就难免犯了刻舟求剑的错误。按照考场作文的写作程序，写作从审题开始，到立意，再到选材，继而进行写作。而"寻意"的发生机制则是从观察、体验生活开始，到构思，再到写作实践。很显然，在考场写作行为中，"寻意"找不到立足之处。因为考试是考查学生已经具备的写作能力，着眼于静态的结果，目的是"看你写得好不好"；而"寻意"是帮助学生提升写作能力的方式，着眼于动态的过程，目的是"帮助你一步一步把作文写好"。

当然，命题作文作为一种应试写作形式，在写作中还是有必要适量开展训练的，只不过我们不能因为需要应试而放弃正常的写作训练，而是要学会在应试写作训练和真正的写作教学中保持平衡。如果经常进行考场作文这种命题或半命题的写作训练，那么学生始终是为了既定的主题导向去构思立意，这就会导致其写作与真实自我保持着相当大的距离。

六、失去"寻意"支撑，"立意"变得尴尬与无奈

写作要回归本质，它是我们表达自己所见所闻、所感所思的一种形式。既然是以表达自我为内容，那么真实性应该是排在首位的，思想的新颖性、深刻性应该是排在第二位的。因为真实性是立足于学生本位的，在学生现有思维品质的基础上，只有通过有效的教学手段，才能培养学生良好的写作态度，扶正学生的写作价值观，提升学生的思想品质，达成学生对写作新颖性、深刻性的追求。如果一味强调学生习作主题思想的新颖、深刻，往往导致脱离学情，以成人思维强制、干预学生写作。

当文章"立意"脱离了真实，往往就经不起推敲，有时候即便看上去积极、健康，似乎没有不妥，但却经不起细品。

比如"那一次，我学会了＿＿""那一刻，我领悟到了＿＿"之类的常见命题，本意是要引导学生去体会某种经历后的成长。但是在学生写作中，往往就变成了经过某一次事件或者某一个瞬间有所感触，从而形成了某种品格。比如"那一次，我学会了坚强""那一次，我学会了勇敢"之类，一次偶然的大胆就可以称之为勇敢吗？一次偶然的不甘心就可以成就坚强的品性吗？我看未必。性格、品质是在生活中经过反复磨炼逐渐形成的，"那一次"的影响也许有，但是"一学就会"不免虚假或者肤浅。

我曾经在课上跟全班同学辩论，题目就是"那一刻，我领悟到真正的母爱"。作者写的就是自己半夜发烧，被妈妈冒着风雨带去医院看病云云。我就问大家，如果这天你不在家里，而在姑姑家里或在宿舍里，半夜烧到 40 摄氏度，姑姑或者宿管老师会不会送你去医院？大家一听就蒙了，因为在这个偶发事件中，无论是妈妈、姑姑，还是老师，他们都会采取同样的做法。所以，有的选材根本就无法表现母爱的独特性，也就无法表达出自己对母爱的领悟。母爱本质上并不是偶然的"患难见真情"，而学生的作文大多选择了这种方式，所以初中生写母爱很少有佳作。后来，我又给大家虚拟了一个场景：假如有一天早晨，天气很凉，但是你穿着一件很漂亮的短裙或者很帅气的短衫出了门，邻居看了会说什么？碰到妈妈买菜回来，她会说什么？这样的场景大家并不陌生，讨论得热火朝天，意见也相当统一：一个多是溢美之词，让人喜；一个多是批评指责，讨人烦。这两种表现的背后是什么？正是母爱，是担心呵护，是不怕嫌弃、不惧冷眼。这其实就是"寻意"，母爱其实就包含在这样平淡无奇的琐碎当中，需要我们引导学生去寻找和挖掘。但我们往往不去引导学生关注生活细节，反而试图以典型的材料来塑造高大的主题，可谓捡了芝麻，丢了西瓜。

七、先有"寻意"，再有"主题"

有时候抛开习以为常的做法，我们会不会有这种困惑——为什么每一篇文章一定要有一个中心思想？就连三年级的小朋友在写完一小段文字之后，也会不由自主地来一句"今天我真高兴！"或者是"这真是一个愉快的下午！"都说主题是灵魂，所以我们自然不敢冒天下之大不韪，从来不敢往没有主题的作文上想。

确实，没有中心思想的文章很难被称为好文章。那么，是不是一定要教会学生把每一篇文章都写成"四平八稳"的好文章？当然不，事实上也不可能做到。但是，我们在写作教学中却一直在力求"四平八稳"（片段练笔除外），不管写得好不好，该有的都要有，由此看来，我们的写作教学更像是按照某一成熟的文章样板塑了一个模子，然后教学生如何在模子里填涂上色。

我们不需要每一篇文章都"四平八稳"，甚至不需要每一篇文章都像模像样。如果我们把模子撤了，那么在平常的写作中，我们能不能先把立意放一边，从叙述实实在在的生活开始？这样的写作训练有没有价值？有没有副作用？会不会产生难以挽回的损失或不良影响？如果有些价值，又没有太大负面影响，我们为什么不去尝试呢？

《标准》里指出：语文课程应培育学生热爱祖国语言的思想感情，指导学生正确地理解和运用祖国语言，丰富语言的积累，培养语感，发展思维。某一写作教学和训练如果能够有助于实现其中任何一个目标，我们就可以认定它是有价值的。

而沿着"寻意"发生机制，叙述实实在在的生活，就需要我们引导学生真正地去观察、体验生活，在此过程中"寻意"也在悄悄地发芽，成长。这个时候，文章不需要主题，也不耽误"寻意"的润物细无声。

如果学生在叙述中不小心流露出了真情，是否比结尾点题更加珍贵？

而且，我们在阅读中会发现，很多散文的主题与写作中的不太一样。比如朱自清的《春》，其写作过程可能是先立意，朱自清先在心目中有了赞美春天、歌颂春天的想法，然后在这个想法的统领下，去生活中发现或者在自己的积累中梳理有关春天美好景象的素材，进而开始整理思路，布局谋篇，写作成文。但是，同样是其名作的《荷塘月色》，我们就很难想象作者是先有了主题的构思，然后围绕主题去搜寻合适素材的。比如，朱自清想表达一下自己的压抑和苦闷，于是去荷塘边转一转，找点儿素材，然后就写了这篇文章——这显然就不符合逻辑。当然，这篇文章也有主题，那就是字里行间流露的真情，没有开宗明义，也没有结尾点题，更没有情感升华。教辅资料中所标注的"文章流露出来的知识分子在大革命时期的苦闷情绪"则是文学评论家结合文字和当时的社会背景以及作者的人生经历分析出来的，我们称其为文章主题，但显然这并不一定是作者当初的写作意图。

对比两篇文章，前者恰似命题作文，后者则显然更倾向于生活中的偶感随笔。如果大家对汪曾祺的作品比较熟悉，就会更容易发现，他的写作绝大部分源于生活素材，而读者透过文字看到了作者热爱生活、富有雅趣、平淡温馨的内心世界。这种文章韵味并不是作者刻意为之，而是自然流露。其实，"散文中的'意'不是一个抽象的思想观点，而是与写进作品的具体的生活材料紧密结合在一起，思想观点（意）与生活材料（境）的有机融通，便构成我们常说的'意境'"①。学生作文明显带着散文类文体取向，却只注重"抽象的观点"的提炼和呈现，忽略了"具体的生活材料（境）"的观察、体验和真实述写，无异于买椟还珠。"如果作品有'意'而没有'境'，就会显得突、露、浅；如果作品有'境'而没有'意'，

---

① 巍饴.大学写作学［M］.北京：高等教育出版社，2022：252.

就会显得散、滞、死"①。这与当前写作中强调"主题"，导致学生作文有"意"而无"境"，呈现"突、露、浅"的特征是相吻合的。

从"寻意"上看，写作首先应该着眼于培植"意"的土壤——让学生走进生活、观察生活、体验生活，并让其尝试描写生活。如果写作教学的目的是让学生学会观察，学会有条理地呈现画面，那么为什么非要对文章的主题做要求？比如，我们设计一个写作任务，要求学生找出自己家的全家福进行描写，其目的是把照片中的各种元素有序、直观地描写出来：照片中有哪些人，他们的衣着、发型、神态、肢体造型，以及人物之间的关系。除此，还可以写写拍照片的时间、地点及花絮等。但是，我们非要求学生通过一张照片传递家庭生活的温馨，表达自己对家人的思念和感恩，并且要求其按照主题安排详略，这就明显超出了当前写作教学的范畴。所以很多时候，我们可以不要求（但也不拒绝）这类情感的抒发，只是为了让写作训练的目标更加集中，让教学目标准确地得以落实。尽管我们不做要求，但在写作过程中，学生的目光仍会落到家人身上，观察和回忆会触动学生的情绪，自然流露才是我们追求的抒情方法。

相对于高大上的价值来说，扎根于生活的真我流露更加珍贵，也更适合中学生写作教学与训练。鉴于此，我们在叙事写作教学初期，不应该过分强调文章的主题立意，而应该循着"寻意"的思路，先踏踏实实叙写好真实的生活场景，即便暂时无法达到作文的思想品质要求，至少能够加强对学生运用语言能力的训练，能够引导学生贴近生活、走进生活、感受生活，从而接受生活对其人格的涵养。

八、"寻意"教学全过程预览

在叙事类写作初级阶段，特别是针对小学中、高年级和初中低年级，

---

① 魏饴.大学写作学［M］.北京：高等教育出版社，2022：252.

我们需要为学生寻找生活中的好素材，并将其设计成写作任务，为学生写作提供沃土，助其自由地发芽、成长。

基于"寻意"的写作理念，我们对待写作教学就应该像育瓜秧一样，首先要有一个基本的心理构建，这必定是一个按照季节自然生长的过程，如果试图以某些技术性手段促使其反规律成长必然是徒劳的。我们应该在遵循其成长规律的基础上，为其提供好的条件和支持，帮助他们成长得更好、更快。在提升学生写作主题质量上，我们更应遵循学生的思维成长规律，把教学功夫下在培根上，而不是纯粹以考试作为假想敌，见招拆招，虽然看上去招招制胜，事实上却招招落空。

我们仍然以育瓜秧为例。如果学生是一颗种子，我们首先要找一些肥沃、湿润、松软的土壤，然后种下种子。只有接触到适宜的土壤，种子才能顺其自然发芽。学生思想发展也一定如此。这个土壤必定是学生的日常生活，包括客观世界和人文环境。我们要引导学生从实践中获得生活知识，沉淀对生活的热爱。生活中可供汲取的养分比课堂、书本上丰富鲜活得多。但是，当下学生的生活状态过于单调，学习、培训、电子产品挤占了他们的大部分时间，加上家长关注不够，孩子就失去了一些探索陌生世界的空间和动力。当学生对生活接触不多，他们对生活的了解、对生活的感知、对生活的理解就很难丰盈起来。所以，如何让学生真正走进生活，其本身也是教育的一个大课题。要做好它，就需要家庭、学校、社区共同努力，切实营造一个适合学生成长的优质生活氛围，厚培学生成长的优质土壤。

当瓜秧破土而出后，阳光雨露必不可少。而这阳光雨露，正是在引导学生走进生活现场的同时，也要指导他们学会观察生活、了解生活、感受生活。让学生不仅身体走进生活，也要精神贴近生活、心灵融入生活，这就需要教育的引导和熏染。在物资匮乏的年代，大部分孩子整天奔跑于田间地头，清明插秧，处暑割禾，但是未必能体会田园生活的美好和生产劳动的光荣。他们所接受的教育让他们更加向往山外的世界，农村的落后、闭塞、贫穷掩盖了大自然的美好和劳动的价值。孩子们所处的语境会影响他们对客观世界的看法，如果我们要让孩子们对世界充满热爱，不仅要把他们放进客观世界中，还应该告诉他们这个世界美在哪里，应该怎样去欣赏。就好像培养一个摄影者，不仅要带他进入拍摄地，更需要教会他如何捕捉画面，如何构图等。有效的指引会让学生对生活的感受更加敏锐、真切与积极，这对其形成正确的世界观、人生观和价值观具有奠基性的意义。

当瓜秧越长越高时，我们就应该为它架设好篱笆秧架，让其成长有方向，有牵引。学生的思想一定是在生活经历中悄悄成长的，这种成长是一种自发的习得，其速度和品质受多方面的影响。其中，包括其本身的资质，有人天生敏感，有人稍显愚钝，有人开悟较早，有人大器晚成；也包括生活习惯，有人好动，有人喜静，有人尚文，有人崇武。但更值得我们关注的是个人的成长环境，所谓近朱者赤，近墨者黑，孟母三迁的故事今天仍能给我们很好的启发，那是因为这是可以通过外界努力来正面影响学生思想成长的主要阵地。具体到教育层面，我们作为一线教师，特别是班主任老师，应该深有体会：学生在叛逆期的思想正处于野蛮成长阶段，适时地给予有效的引导常常能够在关键点上引领他们成长。写作教学作为育人的重要手段，这时候应该扮演好搭秧架的角色，我们要利用学生的写作实践活动，不断地引导学生去感受生活现象背后所蕴含的善与美，去发现埋藏在生活琐碎中的情感。这是在教师的指引下，由学生自主完成的，它所产生的育人效果会比说教更易被学生接受，更易融入学生的认知体系，也就更有利于其思想成长。

遵循这三个环节，我们在写作教学中应该做好三件事：第一，要充分挖掘学生生活中真实而美好的生活场景，并引导其真正走进生活。第二，要将挖掘出来的生活场景设计成写作任务，一方面督促学生主动走进生活、接触生活，另一方面指导他们有意识地去观察生活、体验生活、感受生活。第三，要在学生叙写真实生活的基础上，一点一点地引导他们提炼生活精神，深刻认识生活、思考生活、感悟生活，发现生活的美好，并以积极姿态去建设更加美好生活。

综上所述，写作是表达"意"的载体，也是培育"意"的途径。写作教学就应该在学生当下所具备的"意"的基础上，让他们的写作真正走向生活，并通过有效的写作教学与训练，使写作获得更高品质的"意"。

作为一线教师，我们首先必须树立起写作的育人观，要深刻认识到真正的写作行为对于学生自我教育的作用和价值。高质量的写作一定植根在生活的土壤里，由生活触发，并反哺于生活，任何脱离生活的写作及在此基础上的写作教学，都是不足取的。

第五节　技法支撑：供需相应以优其法

写作，当然需要讲究方法，要想写出一篇佳作，作者必须掌握高超的写作技法。由于认识到写作方法的重要性，所以在传统的写作教学中，对写作方法的教学几乎成为写作教学的全部内容。其中归纳了很多方法与范例，课堂形式也越来越丰富，体现了教师对于提升学生写作能力的强烈期盼。

一、当前写作技法教学的弊端

只要掌握了技法，就能写出好文章吗？现在也许很多教师不认同，至少在理论上是不认同的。但是，在教学实践中，许多教师面对写作教学其实大都处于一种"明知故犯"的尴尬境地。"明知不可为而为之"所掩盖的，其实是大部分教师面对写作教学时的无能为力。很多时候，学生能够理解技法的妙处。在阅读理解中，大部分学生能够运用技法分析具体的案例，但是在自己写作时，却又无法适当运用技法来优化表达，可谓懂其法而不能用其法。

细心考察之后我们就会发现，写作技法的教学思路基本一致，就是以读写结合的方式，让学生了解技法内容，悟透技法原理，尝试独立运用，以达到提升学生写作水平的目的。但是，这种教学必须建立在学生有物可写的基础之上，也就是说学生必须先顺利地进入写作实践，然后再运用所学技法来优化写作文本。然而，事实是学生往往因为素材问题无法顺利进入写作实践，写作成了无米之炊，技法运用得不到物质基础的支持。所以，我们会发现，一部分学生在单项运用所学技巧（以句子或段落写作为主）上还可以勉力而为，但一到综合写作（整篇写作）时，就难免顾此失彼。想从根本上解决问题，还是要首先解决学生"写什么"的问题。

多年来，我们一直纠缠在学生如何审题、如何构思、如何立意、如何选材，如何写各种类型的作文，以及如何开头、结尾、点题、升华等技法问题上，挖掘越来越深，教学越来越具体详细，招式越来越繁多。但梳理之后就发现，这些教学内容主要有两大来源：第一就是应试要求，第二就是写作学、文章学、文学理论等包含的部分知识点，其明显缺憾就是没有来自学生自身的需求。

所谓来源于应试要求，一方面是现在很多教学内容都是在考场作文中提取出来的，比如审题、构思、立意、选材，如何开头、如何结尾、如何过渡等；一方面是很多教学内容是从考场作文评价标准中提取出来的，比如书写工整、结构完整、语言优美、详略得当、主题健康、结尾点题等。所谓来源于语言学、写作学、文章学、文学理论等知识体系，是指运用了其中的方法技巧，比如设悬念、埋伏笔、巧修辞、铺垫、呼应等。

很显然，这些写作教学内容并不是教师从学生的写作实践中提取出来的，其实目前大部分写作教学都是外在于学生写作实践的。随着教学的发展和经验积累，写作教学对写作技法的分解越来越细致，新技巧越来越繁多，也越来越冷僻。有的教师甚至从一些个性化极强的作品中提炼出一些所谓的妙招，不仅无法帮助写作能力差的同学摆脱困境，反而给能力较好的同学以不良引导，使其写作抛弃质朴自然，走向矫揉造作。

写作教学对学生遇到的实际写作困难却难以顾及，所以写作教学脱离学生写作实际也经常被专家学者诟病。

在教学中，一线教师大多采用读写结合的方式，让学生了解写作技巧并尝试运用在写作中。其程序大体分为三个步骤：第一，提出问题，引出本课所教学的写作技法，阐释其原理及作用；第二，展示范文，从范文中明确该技法的具体形态，并提炼运用的要领；第三，小试牛刀，引导学生进行实操运用。以比喻修辞教学课为例，教师一般会先用几个描写比较苍白的句段与运用了比喻修辞的句段做比较，让学生直观感受比喻的妙处。接着，教师简单阐释一下比喻修辞的原理，进行一下联想思维的训练，然后列出几句苍白的句子，让学生运用比喻修辞手法进行升格练习。

在这种课堂中，我们不难发现，学生一直处于被动接受的境地。教学起点是教师根据自己的认知和审美判断提出来的，参考范文是教师根据自己的积累和审美取向筛选出来的，小试牛刀的试验是教师设计好的，学生只是依葫芦画瓢。学生自始至终都没有产生需求和运用的冲动，多是为运用而运用，刻意雕琢文字。不是为了更生动形象地呈现自己脑海中的画面，而是为修辞而修辞，使修辞丧失了其积极意义，让其成为沉重的包袱，让学生失去了汲取、运用它的动力。

二、技法教学应按需提供

传统写作教学所着力的技法教学，是一种外在于学习者知识体系的教学，这种知识本来属于程序性知识，但是教学需求却不是在实践中产生的。如果学生没有实践运用的"试验田"，无法进入写作实践状态，那么学习所得便无处可用，从而导致写作技能变得"正确然而无用"。写作学习在一定程度上异化为记忆、理解一系列写作知识，标准立起来了，但是缺乏运用的路径，教学目标自然也就落空了。

教学的核心是学生，脱离学生、学情，对学生真正存在困惑的地方、需要支持的环节熟视无睹，只将目光盯在书本知识上，只是顾及输出概念和标准，其实就是典型的以教为中心，是教学低效甚至无效的主要原因。

其实，无论是哪一种课型，学生的需求才是教学的发力点。

所以，如果要真正开辟出一条写作教学的有效之路，就必须舍弃传统的无效的写作技能教学方法。写作本是一项综合性极强的语文活动，它涉及对多种能力的综合运用，并不是点对点的线性排列组合。但是写作技能教学却只能在学生已经习得的写作能力基础之上，按教学点依次落实。单项或逐项的写作技法教学，无法有效对接学生写作实践中真正存在的综合性问题，也就无法有效化解学生在写作上的困难。二者在结构上的差异，直接决定了"教"与"学"在供需上无法协同。

想要"教"与"学"相对应，只能让"教"的提供主动对口"学"的需求，因为"学"的需求很难以"教"的提供而变化。所以，写作技法教学的当务之急是确定学生"学"的需求。我们一直无法从学生写作实践中去挖掘真正能够有效帮助学生解决实际问题的知识点，主要原因就在于学生需要解决的写作问题非常多，而且各不相同，其中一些前端问题（比如素材困境）又一直无法化解，导致在目前大班制教学中面对的问题更加繁多复杂，甚至盘根错节，难以聚焦到某一个或某几个问题。

如果抛弃对写作技法体系化探究的无谓努力，我们就势必要重新开辟一条新的写作技法教学路径。当然，我们不一定要形成严谨而规范的序列，但既然教学点必须线性排列，我们总应该有一种思路来串联写作教学。写作首先要解决的问题就是"写什么"，然后是"怎么写"。如果写作教学从整体上放弃了以"怎么写"为序，那就只有以"写什么"为序。

场景化叙事提倡以既定的生活场景作为写作任务，这样就能帮助学生有效化解"写什么"的前端难题。学生只有顺利进入写作实践，才能够暴露出其在写作上的不足和困难，这就是其需求。不同的场景在技法需求上会有所偏重，出现的问题也就相对集中。只有学生需求明确而且集中，写作技法教学才有了清晰的标的，教学的针对性大大加强。比如：在描写人物形象的时候，学生脑子里有形象，却难以用文字生动表现出来，这时候学生的写作需求就出现了。我们可通过学生的模仿，提供描写标的，再结合一些经典的人物形象描写，引导学生思考，凸显修辞的功效，修辞就有了用武之地，学生就有了汲取、运用修辞的自觉。

场景化叙事在确定写作任务时，可以提前规划好场景的类别及需应用的主要技法，这样就为接下来的技法教学做好了铺垫。对于一个故事情节而言，它所需的叙述技巧综合性更高；但对于一个独立的场景，它所需的叙述技巧则相对集中，而且具备明确的可预见性。比如"百米短跑决赛的起点线上"中对运动员的动作、神态描写是重点，"入场式上最飒的团"中对团队的服装、队形的描写是重点，两个写作项目中的难点可能是对整体氛围的呈现。写作的重点和难点能够有效聚焦，是写作教学能够有效照应学生写作需求的前提和保障。

场景化叙事中的技法教学是应学生需求而提供的援助补给，学生处于主动索取状态，而且学了之后即可运用，教学的有效性体现得更为明显。

三、技法教学在场景化写作中的表现形式

在场景化叙事写作教学中，我们以素材发掘作为教学线，技法教学只是应学生写作需求做相应提供。我们抛弃了写作技法的系统性，而尊重学生写作的实际需求，技法散落在写作教学过程中，可让技法教学更具体化、微型化。

以"听爸爸讲他的陈年旧事"为例，在经过前期的观察、体验之后，学生作品内容大都比较翔实具体，但是依然有人没能写足500字，其中有三段作文的，有语句不通顺的，也有缺乏真情实感的，等等，问题依然很多。另外，我们还发现很多学生全文都在直述，但语言脱离人物形象；也有全篇转述，但语言无法表现人物情感；等等，这些问题都聚焦在如何处理人物语言表达上——直述与转述，这就是在具体写作中暴露出来的比较共性的问题，这才应该成为我们教学的内容。

又以"跟着妈妈去买菜"为例，学生利用周末时间去菜市场体验生活，其作品普遍就比毫无生活体验时要更有生活气息，但最明显的是在描写复杂的场景时，很少有同学能够将菜市场的嘈杂氛围描绘出来，叙事节奏明显过慢，反复形容多于具体呈现，导致行文感染力不足。如何将繁杂的场景写好，这就是学生遇到的困难，也正是教学应该帮助他们解决的问题。

当教学真正立足于学生写作实践时，我们会发现需要教学的写作技法在传统的写作课中几乎很少涉及。究其原因，传统写作课程中的知识大多是从成熟作品或学术研究成果中提取出来的系统性的知识，而学生写作需要的是解决实际问题，写作知识需要在实践中具体化、微型化。它更加契合学生的需求，也更有利于学生在实践中尝试运用，因此教学

效果也更加明显。

写作教学知识的具体化、微型化是解决写作技法教学低效甚至无效的关键。当教学内容来自写作实践时，写作教学知识也就变得具体起来。它不再是从学科知识体系中截取出来的相对独立的、抽象的、被概括的知识点，打破了原有的写作技法体系，以一个方法对点一个问题，微型化地呈现在课堂上，目标是为解决写作实践中某一具体问题提供的具体方法和手段。这就如同我们在教学生打开这把写作大锁的时候，传统写作教学企图通过反复阐释解锁原理，让学生自己去寻找钥匙。但事实上，哪怕知道了原理，锁也不一定打得开。按照邓彤"微型化写作教学观"，其实写作这把大锁是由许多把小锁组成的，我们应该为学生提供打开这些小锁的钥匙，让他们能打开这些小锁，或者说即便这把钥匙打不开这把小锁，也不至于影响其他小锁被打开。不能让学生一关不过，关关难过，以至于在写作时手足无措。

具体的知识来自具体的问题，具体的问题为具体的知识提供了实践的土壤。拥有了试验田，学了能用，才是最大限度地提升教学效益的根本。以"为爸爸画像"为例，如果我们选择将五官描写作为教学的突破口，就应该从五官包含了哪些描写点，如何抓住其突出特征，利用比喻、夸张手法让其凸显出来，如何通过描写体现人物性格等方面入手；如果我们选择以人物在日常生活的衣着、动作、神态、语言风格作为教学突破口，就可以引导学生在生活中观察，在行动上模仿，在模仿中进行总结提炼，收集人物最常用的口头禅、最夸张的表情、从走路的姿势到说话的手势、从生活的习惯到工作的态度等素材，筛选最符合其气质的素材，力求具体，不求兼美。

所谓微型化，即我们所开发的写作知识是相对独立的，只能解决某一具体问题的知识点，不追求体系化建构；所谓具体化，即我们面对的是学生写作过程中暴露出来的具体问题，并为之寻求相应的具体的解决方案，不追求普适性——每篇文章都应如此。微型化、具体化的写作知识，大大缩减了学生从理解知识到运用知识的距离，具体问题来自学生习作，提供的解决方案自然也可以在具体问题中得以检验。所以，相对于抽象化、标准化、体系化的写作知识，微型化、具体化的写作知识更有益于学生的写作。

这种散落在写作过程中的、按需提供技法的教学，其实是以问题为导向，根据学生在写作实践中暴露出来的短板提供相应的化解办法。它可能只是针对某一具体写作对象的处理技巧，而非放之四海而皆准的"万金油"，所以也未必能成为一篇文章的衡量指标。在系统的写作知识体系中，由于其适用范围较窄，并没有被提炼出来或被一线教师所熟知。

所以，作为一线教师，在面对微型化、具体化写作知识资源匮乏的情况下，我们应该积极承担起研究开发的重任。但拘于一线教师本身写作能力、学术素养和工作繁重的现状，自主开发写作知识资源的任务是极其困难的。在一线课堂中，教师也偶有尝试，但终是良莠不齐。所以，我们更希望上游研究能够尽早意识到基础学段写作教学的迫切需求，并积极参与到一线教学实践中，尽早建立微型化、具体化写作技法资源库，以推动基础学段写作教学的健康发展。在目前资源尚较匮乏的阶段，一线教师也当勉力而为，一方面依靠自身经验，另一方面通过广泛阅读、有效提炼，尽可能多地为学生提供合理可行的解决方案。

总之，真正有益于学生写作能力提升的写作技法教学，应该在学生写作实践过程中产生，根据学生的实际需求对口提供。只有提出的问题得到学生共鸣，提供的方案学生能懂，学生懂了之后可以尝试运用，写作教学才能落实到学生的学习实践中，教学效果才有可能达成。所以，此类教学内容的更新与开发已经迫在眉睫。

四、技法教学需尊重学情基础及教学规律

尊重学情基础就需要先写后评，从学生所提交的作品中去找准问题。只有真正批阅了学生作品，才能够发现他们所遇到的困难和问题。

我们追求系统性写作知识教学，是立足于成熟作品所应具备的品格和要素的。这种品格和要素基本上都属于静态的知识，关注的是一篇好文章需要达到怎样的标准。由于它本身就是从优秀的作品中提炼出来的，所以它作为评判标准的价值远超其作为写作实践指导的价值。学生的写作能力是一个由低到高的动态成长过程。当学情尚处于低处时，学生所面对的困难往往不是对高处标准的理解和接纳，而是如何跨进门槛，进入实践状态的基本技能的问题，这是技法教学按需提供的前提条件。只有学生真正进入写作状态，才可以对学生慢慢加大难度、提高要求，最终达到写作综合性标准的要求。

当学生进入写作实践，按照自己的观察、体验进行写作时，有人也会面临各种困难，甚至连基本的思路都未能形成，这时按需提供的技法教学就需要为他们拓宽思路，搭建支架，化解初期困难。

当预写完成之后，作品能够最真实地反映学生在写作上的短板和需求，教师在设计写作任务时所预设的写作技法的重点与难点，此时被直观验证和逐步筛选，教学内容也由此确定。

就像古时候私塾先生教对课一样，他们并不是先讲清楚对联结构形式——上下两联字数相，内容相关，平仄相对云云，然后提供一个经典范例让学生仿写，或者提供上联，让学生去对下联。而是从单字入手，逐渐加字，"天对地，雨对风。大陆对长空。山花对海树，赤日对苍穹"。（《笠翁对韵》）鲁迅先生认为对课也是"渐渐地加上字去，从三言到五言，终于到七言了"。这其实就是关注学生写作过程的一种教学方式。

我们的教学更应该致力于解决学生当前的问题，而不是树立一个高

不可及的标准。我们也不必奢望学生在综合写作能力尚低的前提下，通过某次教学，就让其作文的某环节直接达标，甚至超标。只立标准，而不提供有效解决当下问题的支持，不仅无法达成教学目标，反而会打击学生写作的信心，让他们对写作心生畏惧，望而却步。

五、技法教学需关注共性问题

只有在统一的写作内容下，学生才有可能面对较为一致的问题。当前写作技法的教学困境，很大原因是学生写作完全脱离了教学的掌控。当写作任务布置下去以后，学生就开始各显神通搜集素材，以故事的形式来完成写作主题要求，但故事型素材基本上不存在共性。比如，"那一刻，我终于明白……"这种写作任务，学生从构思到写作，从立意到选材，从文章结构到遣词造句，都没有具体的指向与统一的规格。他们在写作内容上不确定，写作程序中不参与，导致其在写作过程中暴露的具体问题也多种多样，且难以被教学关注，教学自然也无法有针对性地解决问题。在"一榔头"式写作教学模式下，教师只能在一些大范围内开展教学，无法涉及学生写作中出现的具体的细节性问题。

所以，要想增强写作教学的针对性，最好是统一写作内容。场景化叙事以确定的场景作为写作对象，学生在写作中面对的主要问题相对一致。当然，由于学生写作基础有强有弱，其作品质量自然参差不齐，而这也正好说明他们遇到的困难不同。虽然如此，但是对比本次写作任务所需要的关键技能上暴露出来的问题可能会更加集中。

这就为教学统一安排、对症下药，以及为学生在学习过程中制造统一的话题语境提供了可能。不仅教学能够有效针对学生的实际需求，还有利于学生在学习过程中充分互动，共同提升。

大班制教学只能面对大部分学生存在的共同问题，而不能贪多求全。写作是一项综合性极强的活动，每个学生从中暴露出来的问题也绝不止一两个，我们当然也无法一次性解决所有问题。所以，教学必须摒除个性差异，按照写作内容导向，聚焦学生关键问题与共同弱项，开展统一教学。

确定教学内容是一项比较复杂的工作，我们在设计写作任务、确定写作内容的时候，心里应该有一个明确的预判和导向，以确定本次写作任务的主要技法训练点。写作任务设计合理，为写作教学内容确定了一个大致的范畴，这便是我们在评阅学生预写作时应该着力关注的对象。这样，预设范畴中的问题就更容易出现在我们的教学视线内。比如，在"听爷爷奶奶讲他们的陈年旧事"的写作项目中，人物语言描写就是应关注的重点；在"为爸爸画像"的写作项目中，人物的外貌、神态就是应关注的重点。这样备课时，我们按照大部分同学存在的问题确定教学内容，就清晰明了许多。

同时，我们在初评预写作的时候要进行必要的记录分析，对于学生普遍存在的问题应该着重梳理并进一步提炼，寻找表面上存在的缺点和其背后所反映出来的本质问题。比如，在"为爸爸画像"的预写作中，学生对人物的描写非常零散，这就反映出学生对人物外貌的突出特征把握不足，或者不知道如何生动地呈现。这样，我们的教学点就出来了。对于如何化解此类问题，目前我们并没有现成的招数，但是前人的经验是巨大的宝库，我们可以在优秀的文学作品中寻找相关的范例，以学习借鉴相应的技巧和方法，给学生以有效的支持。

六、"读写结合"的合理运用

在写作技法教学中，"读写结合"一直备受推崇，但教学效果却不很理想。这并不是"读写结合"自身的问题，而是我们在实操过程中未能趋利避害，导致其优势无法彰显，劣势无法规避。

传统的"读写结合"存在两个弊端：一是程序不当，二是主题趋同。

程序不当表现在，我们一般是先读样本文，进而从中提炼出相关的写作技法，然后要求学生据此写作或修改升格。此教学程序显现的逻辑就是"有了方法就可以写出作文"，显然不符合写作实践，且背离了"按需提供"的写作技法教学原则。主题上的趋同表现在，我们在选择学习样本文的时候不自觉地以主题一致为标准。比如，我们要教写母爱类的文章，就选择母爱类样本文作为参照，其背后的逻辑是"类似的主题就应该有类似的写法"。但事实上，主题一般与写作内容相关，而技法则往往与表现形式关联更为密切。所以，很多时候，我们会发现，经过"读写结合"之后，学生在技法提升上往往停留在浅表的模仿上，比如开头结尾、结构布局、先抑后扬等，而在立意、选材上受到的影响则更加明显。特别是在以学生优秀作文作为样本文的"读写结合"中，学生的写作思路、素材选择更加容易受到牵制。

也正是因为这样，王荣生教授在其论著中多次提到，当前写作教学的困局，很大一部分原因可能就在于我们过于依赖"读写结合"的教学方式。

所以，"读写结合"要趋利避害、精准掌控，才能达到教学目标。首先，我们应该将学生写作放在首要位置，充分暴露学生写作中的不足，这样学生写作技法需求就明确了。其次，我们要针对学生作品具体语境中出现的具体问题去寻找相对应的样本文。这种对应性不在于主题的一致或相似，而在于其是否存在着技法上的相通。比如要教学生"为爸爸画像"，就要立足于对人物外在形象的刻画技巧，我们可以从老舍先生的《四世同堂》中摘取一些刻画人物形象的片段作为样本文，其中许多人物描写都非常精彩，很值得我们学习。再次，我们在对学生开展技法教学时，不能只是提供样本，还应该从样本文中挖掘具有价值的审美指标和操作规矩，让学生不只停留在感性的仰视和膜拜上。

比如教写"跟着妈妈去买菜"，教学点是如何将繁杂的场景写得繁杂起来，可从老舍先生的《骆驼祥子》中选择样本文："城门洞里挤着各样的车，各样的人，谁也不敢快走，谁可都想快快过去。鞭声、喊声、骂声、喇叭声、铃声、笑声，都被门洞儿——像一架扩音机似的——嗡嗡地连成一片，仿佛人人都发着点声音，都嗡嗡地响。祥子的大脚东插一步，西跨一步，两手左右地拨落，像条瘦长的大鱼，随浪欢跃那样，挤进了城。"从中，我们提炼了四个要点：其一，对于拥挤繁杂的场景，首先应该多积累素材，然后将其罗列铺排出来，但要注意分类，譬如范例中："各样的车，各样的人""鞭声、喊声、骂声、喇叭声、铃声、笑声"。这样的罗列能够最大限度地展示画面中丰富的内容，从而呈现出拥挤、热闹、繁杂的画面感。其二，繁杂中也应该有焦点。根据文章主题的需要，作为焦点的人或物，都应该独立出来，单独描写，尽量细致。如范例中"祥子的大脚东插一步，西跨一步，两手左右地拨落，像条瘦长的大鱼，随浪欢跃那样，挤进了城"。其三，一般对作为焦点的人或物的描写会出现在罗列铺排之后。这是因为前面其实是一种背景描写，而作为焦点的人或物才是场景的主体，画面应该层次分明。其四，语言表达以短句子、快节奏为主，句式以整句居多。

第六节　评价支撑：三维评价以导其学

一、写作教学中的评价困境

一个完整的写作教学过程一般包括教学、写作、评价（修改）三个环节。就目前的写作教学来看，这三个环节无论如何排列，其关系基本上都处于比较松散的状态，即教学与写作不能衔接对应，评价与教学也不能呼应关照。王荣生教授认为："所谓写作课，基本上就是'你写吧'的写作活动，而且是选材立意、结构、语言乃至写字面面俱到要求的一次次写作活动。"王教授将这种写作教学现状称之为"一榔头法"："这周来一榔头，提出面面俱到要求'你写吧'，隔周又来'一榔头'，'你写吧'希望达到面面俱到的要求。"

　　教学大都只是聚焦某一个知识点，但是写作却需要面面俱到，评改的时候转而评价作文整体水平或较为突出的优缺点。举个例子，教学点是如何写人，重点将外貌描写、神态描写、动作描写、语言描写的相关要点或者其中一点作为教学内容，先做阐述，再行分析，然后又列了一些精彩案例供学生借鉴参考，加深理解，最后布置作文"最爱我的人"，让学生按照作文基本要求（如字迹要工整，语言要通顺，结构要完整，主题要突出，篇幅要达标，等等）限时完成写作。但是很快，我们就会发现，学生在作文中的人物描写并没有多大起色，写作的重点仍是叙述主人公是如何关爱自己的。在评改作文的时候，我们往往又根据自己的体验，对学生作品进行打分评价：字迹潦草、语言不通顺、没有达到篇幅要求的自然打个低分；字迹工整、语言通顺、结构完整、篇幅符合要求，即便主题不集中，叙事不生动，分数也要高一点儿；在此基础上，文章能够很好凸显主题，叙事生动清楚的，分数再高一点儿；如果有细节描写、情感真实自然，分数自然会更高一点儿。

　　由此可见，我们从教学到写作，再到评价，每个环节的目标都不一致。教学环节的目标是让学生学会刻画人物形象，在写作实践环节，学生在努力用情节诠释"最爱"这个主题元素，而改环节的目标则是给予这篇文章的综合素质一个合理的评价（从实操来看，最主要的评价点还是学生的写作功底）。这个过程看似环环相扣，实则环环脱节，所教非所用，所评非所教。

　　评价环节中，大部分教师会结合当次教学内容，通过评语，针对文本实际给出一些点评或建议，也有一部分评语会侧重于点出文中存在的突出问题。这些评语或提醒学生注意改进；或明确文章优胜处，以示表扬鼓励；或针对学生写作态度不端正或者写作习惯不好进行批评劝诫等。

但是这些评语往往非常简短，无法触及真正的具体问题，导致学生真正从中获益不多，其中的一些专业术语与学生日常表达方式存在隔膜，让学生很难理解吸收。

二、当前对学生写作的评价标准

什么是好作文？首先应该有一个基本的标准。按照常规理解，有了标准才能有的放矢地开展教学，学生写作才会方向更为明确。标准是评价的依据，学生是通过教师的评价来把握作文标准的，但是，作文的整体性评价，使得评价结果过于笼统，导致学生对作文标准不甚了解，所以作文标准对写作的引导价值非常有限。

结合《标准》中"学段目标与内容"对7～9年级写作的表述，初中阶段叙事类写作标准主要有以下几点：其一，写作要有真情实感，力求表达自己对自然、社会、人生的感受、体验和思考。其二，多角度观察生活，发现生活的丰富多彩，能抓住事物特征，有自己的感受和认识，表达力求有创意。其三，注重写作过程中搜集素材、构思立意、列纲起草、修改加工等环节，提高独立写作能力。其四，写作是考虑不同的目的和对象。根据表达的需要，围绕表达中心，选择恰当的表达方式。合理安排内容的先后详略，条理清楚地表达自己的意思。运用联想和想象，丰富表达内容。正确使用常用的标点符号。其五，写记叙性文章，表达意图明确，内容具体充实。

我们从网上下载了两份中考作文评价标准（包括记叙文、说明文、议论文三种文体的评价标准），从评价框架看，无论哪一类文体，都大致分为内容、表达、结构三个维度。其中，内容涵盖立意、中心、材料、情感这四项指标；表达主要指向语言品质；结构包含前后照应、详略关系、行文思路等具体内容。另外，考场作文还包括标点、书写、卷面、篇幅等最基础的写作要求。由此不难看出，考场作文是从最基础的语文知识到写作技巧，再到思维品质，全方位考量学生的写作能力和语文素养的。

虽然评卷老师不一定完全按照评价标准评分，但对于学生或者写作教学而言，这是一种较为明确的引导。

三、当下学生写作评价的一般形式

目前，我们最常见的评价方式还是打分。这与考场写作评价基本一致，只不过在分制上有所不同（大部分教师在日常写作评价中仍采用百分制），其主要依据还是看学生作文的整体状态，教师很少会着眼于某一个单项指标进行评价。

当然在对学生作文的整体评价中，教师也会不自觉地遵循自己的审美取向。比如，有的教师喜欢华美的语言表达，有的教师崇尚质朴自然，同一篇文章在不同的教师手里，给出的分值也大不一样。即便同一个教师评价同一篇文章，在不同的时间或环境里的评分也是不一样的。所以，写作评价就出现了怪象——本身难以量化，却总被简单粗暴量化，而这种量化最主要是为了与考场写作评价保持一致。

我们在批改作文的时候，除了给一个总体评分之外，往往还会写上几句评语。评语，是含有说明、解释或评论的话。当然，每个教师的评语风格不同，就目前的一线教学来说，由于批改时间紧，任务重，评语一般三言两语，寥寥几行而已。内容上以写作知识的相关术语为主，很少涉及具体问题，提供具体建议。在"互联网＋"教育背景下，各类教学辅助软件层出不穷，其中就有不少作文评价软件。我们试用了其中一款，对学生习作进行试评，得到的评语如下："段评1：对词语的灵活运用是作文中的亮点之一。增强文采，提升文化含量。语言活泼，表达具体化、细腻化。观点鲜明，内容翔实，合情合理。段评2：生动形象，富有诗意。语句气息流畅，感情强烈。用词准确，表意清楚，导向正确。段评 3：仿词造句，信手拈来；长短结合，相得益彰。段评 4：行文贯通，气势畅达，易于打动读者。段评 5：引用古诗词，使文章余味悠长，引人遐思。简练明确，并深化了中心。"评语非常翔实，相较于教师评语，软件评价的字数可能要超出数倍。

从教师立场上来看，评价既是对学生作文的肯定，也是对学生写作的正面引领，无论是精神激励，还是写作能力培养，多少都能产生积极影响。这对于写作素养比较高的学生——他们能够理解评语的具体指向——接受程度比较高。但对于写作素养一般甚至较低的学生来说，无论是对正面的评价，还是对负面的评价，可能都存在一些理解上的隔阂；如果想进一步领会评语对自己作文的具体所指，难度又要高出一层；如果想要将这类评语转化为写作建议，并运用到本次作文修改或下次写作实践中，就更少了。

这也就形成了我们现在常见的一种局面：教师评得很辛苦，但是学生写作依旧我行我素。学生很期待教师的评语，但是又无法从中获得具体的方法支持，他们更多的是从评语中寻求存在感，获取精神上的关注与肯定。所以，不管学生是不理解，还是不接受，总之评价的价值难以得到彰显，但教师还得勉为其难写上几句，以示对学生精神上的支持，对学生写作的重视。这也成了学校对一线教师教学态度的评价指标。

作为教师，我们不妨以专业的眼光，抛开勉为其难的情怀关照，理性地分析我们对学生作文的评语到底有无必要，有无作用。

评价是指对一件事或人物进行判断、分析后的结论。这种衡量、评定是着眼于一篇呈现出来的作品，而不是着眼于写作实践过程和写作能力发展过程，说到底，它属于一种结论性评价。从当前评语的内容来看，它更像是我们对此文评分做出的必要情况说明。结合一些教师的评语案例，评语大致可以分为两类：一类是圈出比较出彩的句段并加以简单点评；另一类是在文章结尾点评其比较突出的优缺点，这类评语一般都是围绕内容、语言、结构等常规评价点展开，如"语言流畅，结构完整，但缺乏真情实感"之类。

站在学生的立场上，他们在面对这些评语的时候，是否能够真正认真地对待？是否能够理解专业术语表述下的具体含义？是否能够对评语指出来的问题进行有效修改，或者在下一次作文中扬长避短？如果不是，那么我们评语的价值就会大打折扣。

首先，教师的话语风格与学生不同，教师评价中比较惯用"专业术语"，而学生交流沟通则更倾向于用"通俗用语"。"专业术语"表达更为简洁精准。教师具备了专业知识的支撑，选择"专业术语"作为表达工具是习惯使然。例如，"选材要围绕文章主题"，我们站在专业角度上来看没有问题。但用作评语，学生就不一定能够理解它在自己文章中具体对应什么内容，因为他们知识的积累和经验的丰富上远不及一个专业教师。大教育家夸美纽斯说过："教师的嘴就是一个源泉，从那里可以产生知识的溪流。"在教学中，语言表达是教师教学的重要输出手段，恰当的语言表达能够获得良好的教育效果和教学质量。而所谓恰当，最基本的标准就是能够让学生理解并吸收。所以，在语文教学中，我们往往会遇到这种由话语隔阂带给学生的理解障碍，写作评语也往往因此而缺少了它本应该产生的指导意义。

其次，在跟学生交流中，我们也发现，相对于教师的评语，大部分学生更在乎教师给出的评分，因为对于他们来说，一个不错的分数给他们带来的收获感更加强烈。曾经有一位名师给学生的作文打了1000分，正是因为他把握了学生的这一心态，才以强大的成就感刺激学生写作的热情和欲望。当然这只是个例，一旦成为普遍操作就必然导致分数贬值而失去鼓舞力量。即便结论性评价能够给予学生一些引导和激励，但仍没有办法帮助学生解决他们在写作中遇到的具体困难。对于学生写作能力的培养来说，解决问题比结论性评价要重要得多。

在评阅作文的时候，我们要评价性评语少一点儿，修改建议多一点儿。就像阅读批注一样，在出现问题的地方进行修改建议的批注，效果就会好很多。但是一篇文章是一个综合体，问题往往是多方面的，是否我们对每个问题都应该提出有效的修改建议呢？这种方式会大大增加教师的工作量，一线教师的确难以承受，所以批阅应该有所取舍。根据教学内容、训练目标与教学同步的原则，我们批注的重点应该是与教学内容相关的部分。比如详略适当，我们把该详而不详的部分标注出来，告诉学生做适当补充；把该略而不略的部分标注出来，告诉学生要简单明了；把可有可无、与主题无关的部分标注出来，告诉他们此处可删；等等。

将评价性的评语转变成建议性的批注，其实就是从关注学生作文成品转移到关注学生写作过程，是实现教学、写作、评价一体化的重要一环。

一篇文章不一定需要综合性评价，因为学生在写作实践中不可能一次性地改变所有的缺点。而应该一次写作任务聚焦一个问题，并适当引导，示范，实践，强化，告诉学生哪里做得不错，或者哪里改进了才能更好，通过正面引导与一项项能力的积累，慢慢成就学生综合能力的提升。

四、什么是"三维"评价

评价指标能不能成为我们写作教学内容的具体参照？这个问题在前文已经有所论述。我们今天要探讨的是，考场作文评分标准是否适应于我们日常写作训练中的作文评价标准。

考试中写作项目是对学生写作综合能力的考查，从书写、标点等基本语文知识、学习态度，到书面表达、篇章结构等写作技巧，再到素材选择、行文思路、文章主题等情感思维品质，无一不是我们评价一篇考场作文的对象。虽然事实上不可能按照每个维度给出准确评判，但作为一名专业语文教师，总是能依据学生作文的综合表现给出相对合理的分值。

但作为日常写作训练，我们的评价更多的不是考查学生写作综合实力，而是为了检测当次写作教学的效果。评价目的不同，评价方式、评价标准自然也不一样。写作学习本来就是比较缓慢的过程，绝大部分学生的写作水平不可能在经历一两次写作教学之后短时间内就突飞猛进。即使经过长期的写作学习训练，可能也很难看到学生写作能力的蜕变。如果以考查学生写作综合实力作为评价学生作文标准，那样的评价结果往往将长期保持在一个稳定的水平，评价对写作教学就失去了参考价值。

对于写作能力整体水平而言，教学的价值在于改变，而改变应该更多地关注过程，而不是结果。对于常规写作教学与训练而言，作文评价不仅仅是承担评判作文好坏的职能，更多的是一种正向引导、有效建议、强化鼓励。也正因为如此，我们在写作教学中的评价才更应该打破考场作文评价的束缚，另外寻找更加符合我们教学需要的写作评价体系。

我们在日常写作教学中应该重新制定评价机制，以求让写作评价真正服务于我们的写作教学。我们尝试着确立三个评价维度——"态度""功底""学用"。我们确定这三个评价维度主要是鉴于写作的综合性与教学逐项开展的特点，采用点面结合的方式给予学生相对合理并具有明确指导意义的评价。

"态度"，是我们对写作的最基础的要求，具体涵盖了我们在考场作文评价标准体系中格式、标点、书写、语言、篇幅、卷面等基础指标。这些指标是对每一次写作的普遍要求，基本不涉及写作任务具体内容和写作技术完成度。目的是督促学生端正写作态度，养成良好的写作习惯，保持写作基本规范。

"功底"，是指我们场景化叙事的原则性要求，它主要指向学生当次作文的整体水平，体现写作者目前阶段所具备的写作能力水平。主要标准以单次写作的行文品质为主，具体表现在表达质量、叙事的真实性、描写的具体性、内容切合当次写作任务要求。因为场景化叙事的每一个写作任务都是确定场景的写作，是建立在真实生活体验基础上的写作，所以在写作行为上，最基本的要求是基于观察和体验的真实、具体。这是对所有写作行为的基本要求，既是对作文成品的评价，也是通过作文成品考查学生写作过程。所以，它也不以某次写作教学内容而改变。

"学用"，是我们对当次教学内容的运用实践的要求，它主要指向学生对教学内容的理解与运用能力，是教学效果的一种反馈，一般针对作文中与教学内容相关的局部表现或单项指标。学生写作综合水平难以在短时间内全面提升。全面提升需要逐渐或者逐项改进，这个过程就应该通过"学用"的评价来进行有效引导和强化。写作教学具体化、微型化之后，写作能力被分解为一个一个相对独立的实操技能，这些实操技能需要在写作中尝试运用。虽然品质上有高有低，但是有无运用的迹象，我们还是可以从作文成品中窥探一二的。比如，在一般的场景中，人物出场一般应该描写几笔，不论描写得是否出彩，这种描写的意识都是学生必须具备的，虽有矫枉过正之嫌，但对于培养学生良好的描写意识有益。这就像我们教学实验一样，先入模，适应节奏，掌握技能，然后才能出模，自由发挥，按需操作。既然我们在教学中做出了要求，学生在写作中就要有所体现，"学用值"也应相应做出积极的反馈。

为了倒逼学生在写作中尝试运用课堂所学，我们在写作成品形成之前，就应该明确本次写作"学用"评价的具体指标，有效强化评价对写作的指导作用。而在评价中，我们应该首先注重的是有无，其次才考虑其优劣。

为了有效区分"三维"的评价情况，我们为每一个项目标注不同的评价标识。比如针对写作"态度"维度，我们可以评价为"甲、乙、丙"三档；针对写作"功底"维度，我们可以评价为"A、B、C、D"四档，针对"学用"维度，就可以采用百分制标注。落实到某一篇文章中，如果某一学生写作比较马虎，字迹潦草，但是行文整体非常不错，语言流畅，主题集中、结构合理、真实具体，但在"学用"方面表现又不是太明显，我们给予的评价可能是"乙A60"。

这种"三维"评价方式有效打破了"一锅鲜"式的传统评价方式。对于教师而言，首先应该改变我们常规的评价观念，有些作文整体品相不佳，但是在"态度"层面，特别是"学用"层面表现不错，值得肯定，分值就应该体现出来。有些学生写作基础不错，但是囿于习惯所限，写作在"态度"层面、"学用"层面反而表现不佳，虽然作文整体品相不错，但在"态度""学用"分值上仍然应该有所折扣。三个维度的评价不是一次过，可以在预写作之后评"功底"，教学修改之后评"学用"，成稿之后评"态度"；也不必每个维度都由教师评价，可以结合自评、学生互评等方式开展。

五、"教—学—练—评"一体化探索

我们评价作文的时候试图采用三维评价体系，对当次作品中呈现出来的写作态度指标、写作功底指标、写作学用指标三项做必要区分，有效评价学生单次写作在不同维度呈现出的不同品质。这其实就是我们对当次教学内容在评价中做出积极反应。因为，写作态度对应的是教学管理，当学生写作"态度值"出现问题的时候，我们需要调整教学管理措施加以应对，这不是课堂教学内容。当写作"功底值"出现问题时，我们需要调整对个别学生的日常教学管理和训练量加以应对，这也不是课堂教学内容。写作"学用值"才是课堂教学效果的直接反馈，是课堂教学提供的支持手段或者写作知识是否有效、是否可操作的证明。

为了让学生清楚地知道自己写作问题所在，我们有必要将三个评分维度分别列出，也就是说我们应该给出三个评价结果。这就给评价增加了难度，所花的时间和精力都较传统评分要多，可以适当结合学生自评、小组互评，以减轻工作量。所以，目前我们的三维评价也仍然在进一步探究和优化当中，期待能够出现更加合理、更加有效、更加简易的评价方式出现。

但有一点可以确定，真正能够产出教学效益的教学过程应该是教学、写作、评价一体化，三者应该像中国传统木工中的榫卯结构一样紧密扣连在一起。写作任务能契合教学内容，教学内容能支持写作实践，写作评价能响应教学要求，巩固教学效果。

从场景化叙事来看，我们写作任务为某一个或者某一类确定场景，这就为教学内容提供了一个明确的标的。因为写作对象是确定的，所以在完成这一写作任务过程中可能面对的问题也比较一致，写作任务与教学内容就形成了有效的契合。在评价中，"学用值"撇开了写作在"态度""功底"方面的综合性指标，能够有效对应写作任务与教学内容的契合点，较为直接地反映学生在课堂上的学习效果及运用能力，教—学—练—评才有可能相互关照，趋向统一。

写作契合教学内容，教学针对写作实践，评价响应教学要求，巩固教学效果，评判写作质量并引导写作实践，这样对比"一榔头"的写作教学无疑是前进了一步。

第七节　动力支撑：价值兑现以赋其能

一、学生缺乏写作动力

学生普遍写作缺乏动机，这是不争的事实。初中学生"三大怕"，其中最怕的可能就是写作文。它既然让人害怕，就很难讨人喜欢；既然不喜欢，学生就很难积极主动地投身到写作当中；既然学生普遍缺乏写作的自主动机，就很难真正地用心克难，也很难保持写作习惯，让写作能力发展变得尤其艰难。究其原因，首先是因为写作难度偏大。这种难度有绝对的因素，目前作文要求是不少于 500 个字，有的教师还将标准提升到 800~1000 字，一般还需限时 50 分钟，这种强度本身就容易导致写作成为沉重的负担。当然，也有相对的因素，那就是学生当前的写作水平与写作任务要求及教师评价期待之间存在较大差距。比如，学生对教师的出题意图不理解，无感，难以共鸣，驾驭不了；其作品达不到教师提出的写作标准，得到的作文评价不高，这使他们的写作信心受到打击摧残等。更深层次的原因在于学生难以在写作过程中自我融入。如果写作能够真正成为自我表达的渠道，写作可能就没有那么面目可憎，虽然要付出时间精力，但也可以一吐为快。可当前的写作基本上将自己、将自己的生活排斥在外，写作成为迎合别人口味、费时费力又不得不做、还得不到认可的工作，几乎没有一点儿可爱之处。也正是因为这样，学生在写作当中付出了巨大努力，但是却很难有价值获得感。写出来一堆文字没有价值，写得满满当当的作文本却如同一堆废纸。

二、如何维持写作动力

要彻底解决问题，让学生都爱上写作，保持写作习惯，让写作成为其生活的一部分是非常困难的，甚至不太可能。但是，作为教师，我们也不能太过消极，需要在可为的层面尽一些应尽的义务，在一定程度上缓解学生对写作的抗拒和排斥，这是可以做到的。而其中的关键，首先是要提供真实情境，鼓励真实表达，激发学生倾诉欲望；要积极调和真我表达与应试写作之间的矛盾，只有让学生把写作当成真正的自我表达的方式，其写作态度才能端正，写作习惯才有可能维持在较好的水平。

其次是要降低写作难度，冲淡学生的畏难情绪。当学生觉得这项任务他可以完成，即便存在一些挑战，也是可以接受的。降低写作进入门槛，关键是让学生有物可写，不至于倒在起跑线上。学生即便写作过程不顺畅，只要摸爬滚打多了，其写作能力自然会逐渐成长起来。

再次是要拓宽应用平台，谋求写作价值兑现。外在的激励也是学生获取动力的一个重要渠道，与屡受打击而产生排斥感同理，能够在写作中兑现价值就在一定程度上能够帮助学生维持写作动力。当然，这种价值兑现不一定是表扬，单纯的表扬也能够给人以信心和力量，但能够输入的力量是单薄而短暂的。真正的价值兑现就是让文字实现它应该具备的价值：比如我们办班刊，办校刊，让学生的作品能够见刊，见报；比如我们让学生写本土旅游攻略，就要他们的作品挂上本土的旅游网站；比如我们让学生写学校校园风景，就让他们的作品配上图片出现在校门外的宣传栏；比如我们让学生写家庭温馨生活画面，就让他们配乐诵读并通过公众号推送给家长、朋友；等等。这是写作价值的体现，不能让学生觉得作文除了应付教师、应付考试之外，其他毫无用处。

最后是要学会保存写作痕迹，让写作育人价值可视化。很多时候写作痕迹之所以没有保存、不被重视，主要是因为它的价值含量太低。如果作文真的是记录生活的材料，那么保存起来是非常有意义的。大家可以想象，学生若干年后打开作文本，那里记录的是初中阶段关于师友、关于亲人、关于自己的生活日常及思想感受，这是一笔多么宝贵的财富啊。浏览作文就如同浏览自己曾经失去的岁月，他们也许会哑然失笑，也许会沉思回想，总有一丝丝温暖涌上心头。而这样的成长之路也一定会让他们反思，让他们重新审视自己，帮助他们找回更多有益的东西，走好当下的路。写作对于个人成长的涵养就在于此。

第三章
Chapter 3

出新： 真实情境下写作教学的有效突围

　　基于以上两章的论述，树立场景化叙事观，并在此统领下，以既定的场景作为写作任务，驱动学生在观察、体验生活的基础上开展写作，并及时融入写作的技法教学和寻意教学，开发具体化、微型化的写作技法，按照教学互动原则设立新的教学程序，最终形成新的叙事类写作教学基本框架。这将是一条与我们常规写作教学截然不同的新路。

　　在教学实施过程中，教师作为教学的设计者、组织者、指导者、帮助者和促进者，需要做好以下七项工作：

　　第一，要积极挖掘适合写作的素材。生活中很多场景是适合写作的，比如一张照片、一次晚餐、老屋小院、节庆假期、踏春出游等，也有很多经历我们可以主动去体验，比如一次闲聊、一次散步、一次聚会、一次骑行、一次辩论等。作为教师，首先，我们要让自己成为生活的有心人，要能够感受到生活中点点滴滴的美好与温暖；其次，要主动走近学生，要了解学生的生活常态和普遍的兴趣爱好，这样更容易找到既符合写作要求又能够激发学生兴趣的场景。

　　第二，要用心设计写作任务。在教学中，我们要努力摆脱选材、立意等传统写作教学思路的束缚，以确定的场景为题，在初级阶段要尽量缩写选材范围，甚至要让当次写作任务有一定的排他性，确保学生在预设的有限空间内写作，增加写作教学内容的确定性；同时要确保学生在充分观察、充分体验的基础上，呈现当次写作任务设定的场景，并能够通过作品检验学生是否有真实的观察和体验。通过多年的实践，可以证明一点，写作任务设计是否符合生活实际，是否尊重学生体验需求，往往直接决定写作过程和教学过程是否顺畅、是否有效。

第三，要指导学生去生活中观察、积累素材。面对写作任务，我们如何让学生在生活中去观察、体验，积极地前置教学指导非常重要。一个场景中有哪些关键点需要着重关注，哪些信息需要留意但不宜太过细致，哪些信息可以忽略，这些其实都需要有清晰的指引。我们要将观察生活纳入写作教学当中，在写作开始之前，应该教会学生如何观察，观察的顺序、角度、内容，以及如何记录、筛选等，都在教学之列。

第四，要认真批阅学生预写作，发现学生在写作技法上的需求。学生观察、体验过后，积累了充足的一手素材，进入预写作实践环节。学生预写作完成之后，从作品中暴露出来的写作技法上的缺陷，才是写作技法教学的基本点。我们要总结梳理学生写作中高频率出现的共同缺点，作为写作技法教学的焦点。

第五，要针对学生需求开展写作技法指导。在技法指导中，我们不能依赖现成的技法知识体系，而应该以解决具体问题为目的，提供可操作的具体做法，不仅要培养学生的审美能力，还要让学生在真实情景语境下，学了能懂，懂了能用，用了有效。

第六，要对学生修改升格后的作文成品进行有效评价。教学结束之后，学生在所学的基础上对自己或他人的习作进行修改打磨，以检验方法的实用性，也提升了学生对方法的驾驭能力。同时，教师要分项评价学生作品——虽然"三维"评价机制仍在探索阶段，但是在打破写作

"一锅烩"的评价劣势上，算是迈出了一小步。

第七，要从学生作品中遴选出优秀的作品进行分享展示，并尽量争取各种资源平台帮助学生体现写作价值。教师要不断用各种方法鼓励学生去写作，给予及时的反馈表扬、展示，并力求通过不同渠道，以不同的方式，呈现学生的写作价值，让学生的写作进一步走向真实，更为优秀。

第一节　真实情境下写作教学的有效突围

写作教学一直致力于提升学生书面表达质量，但由于写作内容缺乏，导致学生无法顺利进入写作实践，写作的注意力集中于构思写作内容，书面表达能力得不到有效锻炼，写作水平难以提升。究其根本，在于当前的写作机制下，学生写作无法面对真实情境，纯书斋式的写作方式阻碍了学生到真实生活中去观察、体验，再叠加学生生活经历有限、积累太薄等因素，导致学生无物可述，写作举步维艰。

作为教学者，我们要想办法为学生解决问题，满足学生在写作过程中的真实需求，才是教学工作的核心。只有为学生提供真实情境，才能引导学生走出困境，顺利进入写作状态，最终实现写作教学与训练对提升书面表达能力与品质的有效落实。

一、对"真实情境"的解读和价值阐述

真实情境，"情"指情形、情况，"境"指环境、境况。"在社会心理学中，情境指影响事物发生或对机体行为产生影响的环境条件，指在一定时间内各种情况相对的或结合的境况。"[①]真实情境就是指在具体的时间、具体的空间内的各种生活、学习事象相对的或结合的情形、境况。

---

① 陈琦，刘儒德.当代教育心理学［M］.北京：北京师范大学出版社，2007：172–173.

真实情境对于写作教学存在的巨大价值体现在以下方面：

其一，能有效激发学生写作动机。《文心雕龙》言"情动而辞发"。一个人面对真实情境，才最易产生真实的情绪波动、情感变化，当人的情绪、情感累积到一定程度，会激发倾诉或表达的欲望。当置身真实情境中，表达素材完备，表达目的清晰，写作便不至于成为沉重的负担或沦为无意义的脑力付出。

其二，能提供真实具体的写作素材。在真实情境下，学生的写作任务与真实情境相关联，写作具备了确切的对象和明确的目标，学生可以通过在真实情境中观察、体验，获取第一手素材，满足自己写作的素材需求。

其三，能促进搭建交流分享平台。我们写作教学中很少有交流讨论环节，学生拿到写作任务之后，各自构思、立意、选材。教师本就主张个人化的创意表达，拒绝老生常谈，交流讨论似无必要。但是，当学生面对共同的真实场景，那么对场景的回顾、反刍，就为交流提供了共同话题。他们在交流碰撞中不断挖掘细节、转换视角、提高认识、升华感情，进而为写作开拓思路、精选细节、优化结构、深化主题提供了更多、更优的参照。

其四，能增加写作成品收藏价值。脱离真实生活，缺乏真情实感，写作成品价值就会大打折扣。学生虽然历尽艰难，其作品依旧乏善可陈，最大价值仍在于有一纸文章供老师批阅。所以，很少学生会把自己的作文收藏起来，就连绝大部分教师也缺乏这种意识。如果写作面对的是真实情境，书写的是真人、真事、真情、真思，那么它就不仅仅是一纸文章，而是生活的点滴、成长的足迹，是时光的容器，值得珍藏。养成保存文稿的习惯，不仅能够促进学生的日常写作习惯养成，提升写作能力，也能够在时常温习翻阅过程中"回顾过去、放眼未来"，自觉调整成长状态，塑造健全人格，提升自我修养，丰盈内心，滋养精神。

二、真实情境在当前写作教学中遭遇的困境

在日常生活中，个人的处所、经历都不一样，所以，绝大部分一线教师认为，在我们当前的教学体制中，特别是大班制教学中，教师很难面向班级全体学生提供一个具体的富有生活气息的真实情境。

再加上考场写作形式的引导（以话题，或材料，或主题划定大致框架，让学生在框架内自主立意、选材、构思、写作），教师一味按照考场写作模式开展写作教学与训练，把素材积累和筛选作为一个考查项全权交给学生，提供真实情境似乎没有迫切需求，从而也就失去了为学生提供真实情境的动机。

这样，导致的局面是：一方面，我们每写必考核学生在日常生活中对素材的自觉积累和写作中对素材的筛选应用；另一方面，我们又缺乏在日常学习中引导学生有效积累素材的教学措施。教与考严重脱节，最终导致了学生无所适从，只能望"材"兴叹。

没有有效的积累，又缺失了写作的真实情境，大部分学生在写作实践起点上就遭遇到困难——不知道写什么。无法解决这个难题，写作就势必滑向老路，靠编、靠仿（仿素材）、靠想（虚构），堆砌文字，结果徒劳而无功。要扭转这种写作不良趋向，我们要么需想方设法增加学生的素材积累，要么就为学生提供真实情境，最佳途径就是合二为一，在不断为学生提供真实情境中逐步增加学生的素材积累。

三、真实情境下写作教学的有效突围

在教学一端，笔者认为首要的问题就是给学生提供一个真实情境，让学生在真实情境中去观察、体验，收集素材，顺利解决"写什么"的问题。当学生顺利进入写作实践状态，写作技法教学才能有效切入，写作训练指标才能有效落实。下面我们以"写作—劳动"融合课程的设计

原理及实施路径为例，展示在真实情境下，写作教学如何走向有效。

（一）设计原理：以劳动教育项目作为真实情境助力写作教学破局

劳动教育可以给写作教学提供真实、丰富的情境和素材，写作教学又能给劳动教育提供深度育人的路径和抓手。以劳动教育项目作为写作的真实情境，为学生写作明确写作对象，指导学生观察、体验，帮助学生顺利进入写作，适时切入写作教学，有效达成写作教学的预期目标。

其一，面对真实情境是"劳动"的本质属性，"写作—劳动"融合能有效弥补写作教学无法面对写作情境的不足。劳动，是指在一定的社会关系中，人类实现人和自然间的物质变换，以满足人类需要的有目的的创造物质财富和精神财富的社会实践活动。"劳动的情境必然是真实的，劳动者所面对的是真实情境的任务。"① 可以说，面对真实情境，是劳动的本质属性之一。而当前学生写作远离生活真实、情感真实，其根本原因就在于现下的写作机制无法面对真实情境。二者结合，以真实情境的劳动作为写作对象，等于就把写作的视线、写作的准备（观察、体验等）、写作的交流分享、写作的外部语境都引置到真实情境中，基本实现写作的真实情境化。

其二，"以劳育人"是劳动教育出发点、落脚点，"写作—劳动"融合能为写作发挥其育人功能提供实践平台。《辞海》这样定义劳动教育："劳动教育是德育的内容之一，对学生进行热爱劳动和劳动人民、珍惜劳动成果、树立正确的劳动观念和劳动态度、通过日常生活培养劳动习惯和技能的教育活动。"《辞海》将劳动教育纳入德育范畴，指出其价值在于通过劳动实践活动，加强对学生正确价值观的培养，对个体生命的社会属性的培养，对个体精神的哺育和滋养。但从劳动实践到育人目标实现，需要教师引导点拨，需要学生自我觉悟，在这个过程中，写作就正

---

① 本报评论员. 深刻理解"劳动"的属性［N］.中国教育报，2018-11-14(09).

好可以承担起其育人的职能。

写作不仅仅是把自己的思想成果用文字表达出来，更是一种梳理、整合、提炼、升华思想的工具。人们通过写作，回顾、反刍生活中的观察与体验，梳理提炼自己零零碎碎的思考与感动，从而形成相较于写作前更加清晰、更加顺畅、更加严谨、更加系统的高品质思维成果。所以，写作本身就自带着育人功能，写作的过程本身就是回顾的过程、思考的过程、倾诉的过程，更是整理思绪的过程、改进思路的过程、锤炼思想的过程。但是，由于缺乏真实情境，写作的起点缺乏真实的素材，思维成长就缺少了物质基础，写作的育人职能无法实现。作品假话、空话连篇，主题浅显，思想贫乏，很大一部分原因就是写作者缺乏真实情境，导致写作一直未能真正承担起它育人的职能。

当劳动教育实践进入写作视野，写作的起点就有了真实的生活事象，写作的育人功能也就具备了物质基础，它在引导劳动实践产生育人价值的同时，也让写作者自身的思维能力得到有效的锻炼，思维品质不断提升。可以说劳动教育课程为写作教学承担育人职能提供了优质平台，能够在真正劳动实践体验基础上，不断促使学生通过写作进行思维锻炼。

（二）以劳动实践的真实情境助力写作教学破局的实施路径

基于上文对劳动教育和写作教学的认识，特别是对写作教学的在育人功能上的理解，我们将劳动教育实践融入写作教学，推动写作教学走向真写作，提升写作教学的有效性。其必要性和合理性具备有力的理论支撑。

根据多年的实践探索发现，我们至少可以通过以下两个途径来实施"写作—劳动"学科融合。

其一，以某一具体劳动项目作为写作对象，设计多种形式的写作项目，形成专题类写作系列。我们可以在某一具体劳动教育实施过程中择取一些片段、元素，将它们设计成写作任务，学生根据自己在实践中的观察、体验、思考、感悟进行写作。这样的写作任务，让学生失去了选材的部分空间，但也为学生写作提供了具体的素材对象，有效化解了学生在写作实践中的选材难题。

围绕某个劳动实践项目，我们可以设计记人、述事、写景、状物等各种类型的记叙文写作，可以延伸到报告文学、通讯、新闻报道等实用文体写作，甚至是小说、散文等文学体裁的创作，为写作教学提供广阔的空间。

其二，以写作任务为抓手，倒逼学生到真实情境中参与劳动活动。我们可先设计写作任务，选择可以在日常生活中实施的劳动项目作为写作任务对象，通过写作任务驱动学生到生活中去观察、体验，进而完成写作任务。一者我们可以通过写作任务，倒逼学生按照写作需求完成相关劳动实践体验项目；二者，劳动实践体验又反过来为写作提供真实情境，有效激发学生写作内在动机，明确写作目标，强化读者意识，培养学生写作解决实际问题的能力；三者我们可以通过设计合理的写作任务，为以劳育人提供支架，引导学生学会规划劳动程序、优化劳动过程、参与劳动体验、强化目标观察，也可以引导学生从更优的角度、更高的层面去体验劳动成果，收获劳动带来的获得感和充实感。

四、"写作—劳动"融合课程的课例展示

案例一：围绕某次劳动教育设计多个写作任务，形成专题写作模块。我们以学校"开心农场"项目玉米种植为目标项，设计了如下几项写作任务。

写作项目 1：农场日志

时间	参与者	项目	亮点纪要	植物生长状态	记录人

写作项目 2：场景写作——垦荒

写作任务布置时间：垦荒前一天

写作导语：这将是一次难忘的经历，我们用自己的双手，改变了世界原有的样子。请大家将垦荒前农场的样子和垦荒、平土后农场的样子用文字描写出来，形成对比。本次垦荒是一次团队合作的活动，请交代清楚团队的分工；写清楚自己的劳动过程和劳动体会；关注一个你团队的伙伴，看看他是怎样干活的，要写出人物的动作、神态，试图表现出人物的精神面貌。

写作项目 3：诗歌创作——青苗

写作任务布置时间：玉米芽破土后一周

写作要求：以玉米青苗为写作对象，充分展开联想和想象，可以着眼于青苗的形状，可以着眼于青苗散发出来的精神气质，可以着眼于青苗的成长历程，也可以着眼于青苗的成长环境，充分赋予作品中各种意象的象征义，以表达自己某种思考和感触。

写作项目 4：人物写作——农场的守望者

写作要求：可以选择一个你眼中在本期劳动教育实践过程中付出最多、用心最多、花的时间精力最多的老师或同学作为描写对象。可以适当关注人物在日常生活中的形象，但不能完全脱离具体劳动场景来刻画人物。要关注在劳动实践中某一特定情境下人物的外貌、语言、动作、神态，力图表现人物对劳动的热爱、对职责的忠诚、对生命的呵护、对未来的期待等。

写作项目 5：小说创作——一株玉米的述说

写作要求：以一颗玉米种子的第一人称视角，讲述成长故事。可以从玉米的角度来打量自然风光，欣赏充满生机活力的校园生活，见证身边青春少年的成长。也可以尝试着以玉米自身成长为主体，感受其成长的力量和摆脱困扰冲出重围的快乐。

写作项目6：新闻写作／报告文学（题目自拟）

写作要求：如果是选择写新闻报道，那么可以就某一次比较典型的劳动，如垦荒、采摘、庆丰收大食会等进行报道，注意新闻写作的基本要求，并尽量在结尾部分交代清楚该事件的背景及意义。

如果选择报告文学，可以参阅"农场日志"，梳理整个劳动过程，关注在劳动过程当中同学们的表现，多多收集沮丧、抱怨、畏惧、辛苦、惊喜、感动、冲突、合作等场景。可以全景式表现本次劳动的经历，也可以选择一些典型的场景展示自己在这次劳动中的成长变化。注意叙述要具体，要真实，要围绕主题分清详略关系。

案例二：以写作为抓手，引导，甚至倒逼学生主动参与一些校外劳动项目，从而让学校教育对校外劳动教育倡导得以落实。比如，在中秋节前夕，我们策划了一个写作项目，项目要求学生策划并组织一次家庭聚会活动。其中包含以下几个写作项目：

写作项目1：活动策划书

写作要求：为了迎接即将到来的中秋之夜，请拟定一份中秋节晚上家庭聚会活动策划书。策划书应包括活动时间、活动地点、参与人物、活动主题、活动内容、活动形式、活动流程、活动分工、物资采购及经费预算等内容。写作条理要清楚，表达要准确，便于读者精准把握关键信息。

写作项目2：嘉宾邀请函

情境说明：本学期咱们班的语文老师是一名支教老师，由于疫情原因，他无法在中秋节与家人团聚，所以我们想隆重邀请语文老师参加本次中秋之夜的家庭聚会。

写作要求：请拟写一份邀请函，诚挚邀请老师参加你组织的这次聚会，要了解邀请函的基本格式和写作要求，并注意用语得体。

写作项目3：中秋夜

写作要求：在活动开展过程中，要多观察，积累第一手素材。可以多拍照，多拍视频，以备写作时参考。描写复杂场景首先要从全局着眼，勾画出画面的总体布局和整体氛围，也要有典型的细节呈现，特别是关注活动中各人物的不同表现，选择一些切题的细节重点描写。

写作项目4：感谢信

写作导语：我们组织完这一场中秋之夜家庭聚会活动后，应该能够感受到当家做主的不容易，也能够体会到爸爸妈妈日常的辛苦。在这次活动当中，从策划到组织，从活动筹备到结束收尾，一定有人为你分担、提醒、补救。团队中，每个人都扮演着自己的角色，承担着自己的职责。你可以就本次活动中某些让你感动的环节或者细节，给你的团队成员写一封感谢信。你也可以由这次活动出发，以自己真实的心得体会，给日常生活中为我们负重前行的人写一封感谢信。注意，内容真实才能支撑真情，细节具体才能触发共鸣。

从上述两个专题写作项目案例来看，第一个专题写作就是依托学校劳动教育项目"开心农场"，以"开心农场"的真实情境设计六项写作任务，其中除了第一项为随手札记，其他五项包括叙事、写人的记叙类写作，涉及小说、诗歌、新闻或报告文学等不同文体的写作。虽然写作任务不一样，但写作内容观照劳动过程，可以引导作者在劳动过程中有意识地观察、体验、思考、感悟，写作主题指向劳动教育的育人职能，具备明确的育人导向，有效发挥写作的育人功能。第二个专题写作则是通过写作任务的布置，引导学生积极策划组织开展"中秋之夜"家庭聚会活动。写作任务相当于为学生搭建了一个支架，给还缺乏策划组织经验的孩子们提供一些具体有效的帮助和指引，提升他们参与社会实践活动的能力。另外，我们也通过写作深化了学生对这次活动的思考和体会，强化了劳动的育人效果。

五、"写作—劳动"融合课程给写作教学的思考和启发

通过对上述案例的设计原理及实施路径的探索，我们认为真实的情境，能够有效化解写作素材缺乏的难题，为学生顺利进入写作实践扫清了第一道障碍，有效改变了写作闭门造车的积弊，引导学生写作真正走向生活。而且，真实情境能有效实现并强化写作本身的育人职能，让写作训练真正成为优化学生的思维品质、提升学生的思维能力的方法。

通过"写作—劳动"融合课程及两个具体课例的启发，我们可以看出，写作教学的第一要务，应该是为学生寻找、开发更多的真实情境。虽然学生生活各不相同，但是在不同的生活经历中，总是存在着相似的生活场景和画面，存在着可供共同参与或同步参加的生活实践活动，这些都是我们写作的宝库，也是我们写作教学应该挖掘的真实情境。

第二节　写作任务设计思路

目前写作任务形式一般包含四种：标题作文、半标题作文、材料作文、话题作文。但义务教育阶段的考查形式大部分是标题作文或半标题作文。就近十年广东省中考试题来看，半标题加导语是最主要的写作考查形式。由于中考的导向，我们在平常的写作教学和写作训练中也常常沿用这样一种形式的来设计写作任务。但是，考场作文与常规写作训练毕竟不同，这就决定了用于常规训练的写作任务与用于考试的写作任务不一样。

一、考场写作任务设计与常规训练写作任务设计的区别

作为一种综合性质的考查项目，命题目的自然是考查学生有关写作的各方面实践能力。以《2017 年广东省初中毕业生语文学科学业考试大纲》为例，它对写作项目的考试内容和要求明确了以下考查点：写记叙文，做到内容具体充实；中心明确，内容具体，感情真挚；结构完整，条理清楚；语言通顺，不写错别字，正确使用标点符号；书写规范、整洁。这些都是一篇考场作文可以直接反映出来的学生写作能力。（当然，这种写作实践所需要的素材和情感来源于我们平常的生活。所以，其实考场作文除了考查学生写作技术能力之外，也考查了学生日常对生活的观察能力、感受能力、领悟能力和记忆能力。但是，这类考查点却常常因为考试形式而变得非常隐蔽。）

作为考试出题者，他们在设计作文标题或者半标题的时候，必须考虑到这样一个标题能否承担起写作能力考查的全部项目。而且，它既需要面向全体考生，又得承担选拔择优的职能。所以，它要设置一定的审题门槛，考查学生审题立意的能力，但是不能将审题的门槛设得太高，以让一部分基础薄弱的同学有文可作；它要切合学生的生活实际，考查学生选材剪裁的能力，但又不能局限于具体的生活图景，让学生丧失素材选择的空间；它可以旗帜鲜明地主推记叙文的写作，又不能排斥其他文体的出现。总之，考场写作任务设计目标是考查全体学生写作综合能力水平。

而常规写作训练的任务设计目标是对当次写作教学的实践运用与检测巩固。考试类型的命题或半命题式写作训练难以落实写作教学的教学点和训练点。虽然写作的综合性极强，但是写作训练应该首先打破这种综合的混沌结构，对写作能力进行一定程度的分解，一项一项或者某几项一同进行有针对性的教学和训练，每个分解内容都应该有针对性的

教学点和相应的训练点。单项式的教学与训练，跟综合性的考查自然不一样，要竭力避免"一榔头"式的写作教学与训练，这样才能让写作教学的学和用落到实处。常规写作训练中的写作任务应该具备鲜明的针对性和侧重点，我们在设计写作任务时，就应该鲜明而直观地照应教学内容，有偏向，有侧重，避免以考试类型的写作任务简单而粗暴地综合训练。

另外，从《标准》对写作的要求来看，初中阶段的叙事类作文特别强调"真情实感"，强调"观察生活"，强调"有创意"的表达，这就告诉我们在常规训练中应该更加突出训练学生对生活的观察能力、感受能力及语言表达能力，这是能够让写作训练顺利进行并有成效的前提和保障，应该一以贯之。

二、常规训练的写作任务设计需遵循的基本原则

具体而言，在叙事类写作教学初级阶段，我们在设计常规写作训练的写作任务时，应该着重考虑以下四个方面。

（一）写作任务应该直接面向学生的实际生活

写作脱离了生活，就失去了本质和灵魂。许多学生下笔无物，虽然不能完全确定地归因，但是我们平常设计的作文标题常常与生活保持着相当的距离，这可能是无法推卸的主要原因之一。

为什么会这样？我想原因不外乎两个：

其一，我们常常忽略了考试作文与常规写作训练作文的区别。考场作文需要考查学生综合能力，其中就包括考查学生审题立意的能力。考查审题立意就不得不拉开题目本身与学生生活本原的距离，不然就不具备有效的考查功能。其二，我们在设计写作任务时，过分地强调了写作的教化功能，一味追求高大上的价值言说。写作本来应该是这样，学生对客观的生活图景产生主观感受，继而进行反刍，产生价值感悟，再把

这种感悟能动地表达出来。但是，我们急于求成，粗暴地将希望看到的价值感悟预设在写作题目当中。这样，学生也就丧失了主动观察、自我反刍的过程，不是从实际生活中寻找素材，以活生生的生活图景来诠释主题，而是为了附和我们所预设的主题，简单粗浅地甚至虚假地编纂间接素材（非直接来源于生活的素材）。

叶圣陶先生说："希望诸位记着写作材料的来源普遍于整个的生活，写作固然要伏在桌子上，写作材料却不能够单单从伏在桌子上取得。离开了写作的桌子，上课、看书、劳作、游戏，刻刻认真，处处努力，一方面是本来应该这么做，另一方面也就开凿了写作材料的源泉。"[①] 可以说，面向实际生活，是我们在设计写作任务时应该始终坚持的不可动摇的原则。

从这一点上说，我们在设计常规写作任务时，就应该认真地去寻找学生身边普遍存在的生活图景，应该去为他们挖掘值得反刍的生活细节，而不是代替他们去提炼生活的精神内涵。

（二）设计写作任务应该有效照应当次的写作教学内容

写作本身是一个综合性极强的语文项目，但是我们的教学应该有目的、有侧重、分步骤、分阶段地进行。这样一来，如果我们的教学是分项进行的，而我们写作训练任务又缺乏针对性，教学效果自然就会大打折扣，甚至是纸上谈兵，毫无效果。如果我们进行教学之后，布置上一篇类似考试的作文题，那么学生如何在这样一个综合性项目当中恰如其分地应用课堂所学内容呢？

也正是因为这样，基于常规训练的写作任务应该与当前的教学内容形成很好的照应。应该给学生设定一个相对局限的写作范畴，甚至需要具备一定的排他性，让他们失去一部分选择发挥的空间，这样他们才能

---

① 叶圣陶.怎样写作［M］.北京：中华书局，2007：50.

更加有针对性地应用他们在写作教学中的所得。比如在人物描写一课中，如果教学的内容是外貌描写，那么"看，这就是我的<u>老妈</u>"自然比"我最<u>敬佩</u>的人"更合适。如果我们教学的是语言描写，那么"<u>爸爸</u>的口头禅"自然比"这份爱很深沉"更能有效落实教学内容。

（三）设计写作任务应该围绕考查的总体要求

写作任务面向考查要求，这一点似乎与前文有些矛盾。其实不然，我们平常进行的所有写作训练，毫无疑问，必须经得起考场写作能力的考查。

写作训练，一是为提升写作技能，二是为积累写作素材，三是为培养正确的世界观、人生观和价值观。第一目的自不必说。第二目的在积累素材上，常规写作训练应该承担最主要的任务，每次布置写作任务，就应该督促学生去积极主动地到生活中寻求挖掘生活素材，然后进行写作，能动地表达，完成对生活的书面化呈现。而写作训练的成品，也是学生写作的素材库——这种自主积累的素材，是考场作文最优质的资源。综合近几年中考作文来看，"家庭生活""校园生活"和"个人成长"是初中阶段考场作文不可或缺的题材，那么我们在设计写作任务时，就应该有针对性地引导学生去挖掘此类素材，如"我们的年夜饭""校门外的等待""____的口头禅""我的第一次课前演讲""迎着旭日奔跑"等。第三目的，即教育的终极目的在于育人。我们的考场作文总是试图引导学生去发现生活中的真、善、美。可是，由于缺少长期的脚踏实地的有效引导和教育，使得考场作文的这一教育目的无法完全实现。我们平常的写作训练应该负担起这一艰巨的任务，通过直面生活的写作任务，一小步一小步地将学生的目光牵引到物质生活中能够体现的真、善、美上。教他们细心观察，用心感受，在潜移默化中逐渐扶正"三观"。这才是真正围绕着考试作文进行教学的核心，也正是写作的育人之所在。

（四）设计写作任务必须符合学生写作能力发展规律

写作不可能一蹴而就，学生写作能力的发展也是一个渐进的过程，教师对学情的准确把握是决定所设计的写作任务是否适合教学实践的前提条件。

我们在设计写作任务的时候，必须了解学生的兴奋点和解读能力，更需要关注学生写作能力的发展状况，准确掌握他们最薄弱的环节。对生活的观察比较欠缺，素材积累太少，写作中叙事苍白，缺乏细致精确而优美的描述，对生活现象的理解浅表化，这是大多数学生面临的共性问题。基于场景化叙事的写作理念，我们在教学时设计的写作任务应该有意识地把学生的目光牵引到他们的生活场景当中。不仅如此，我们在选择场景时，还应该考虑到学生的观察视野和驾驭能力，遵循由近及远、由简而繁、由浅入深的基本原则。

所谓由近及远，指的是我们在设计写作任务时，首先应该选择他们身边经常发生、可见可闻的生活场景，这些场景应该与他们的饮食起居有着密切的联系。就像写生一样，我们可以通过创设生活情境来获取写作素材，比如"散步"，可以要求学生主动邀请自己的家人去散步，同样的如"牵着您的手""餐桌上的温馨时光"，都可以在日常的生活中完成。当场景写作慢慢熟练，我们就应该引导学生将写作目光从家庭生活走向社会生活。比如，我们可以设计"致外国友人的一封信"，让学生详细介绍本地比较典型的传统风俗；比如可以鼓励家长带着孩子们来一次短途的骑行，写作"<u>A 地</u>骑行攻略"，来推介本土的旅游观光资源；等等。

所谓由简而繁，是指我们在设计写作任务时应该考虑学生写作能力现状，从简单的画面开始，慢慢加入比较复杂的生活场景，遵循由简而繁的原则安排训练计划。比如"一张老照片"是对于静态画面的描写，"老屋／新居"的画面就相对复杂一些，也可以设计一次"与爸爸的茶话会"，这样的场景人物构成比较稳定，描写对象比较集中，而"最飒的入场表演"的场景就相对复杂，处理起来比较有难度。

所谓由浅入深，是指我们在设计写作任务时，应该考虑到学生的思维发展状况。任何人对生活的感悟和解读都不是一朝一夕可以获得的，所以在训练初期一般不太适宜在写作任务中预设主题，而应该主张叙述生活，描写生活。我们可以设计"听某某讲他们的陈年旧事"，这样的主题要求就相对浅显，而且受访人往往会自己提炼主题。但是，在完成叙述、描写之后，我们可以要求学生在文章结尾阶段稍作点题，在修改点评阶段，也可以根据文章本身就点题的角度和方式予以适当点拨，以此提升他们解读生活、感悟生活的能力。而后，我们可以适当开展一些象征类的写作训练，如"春天里的落叶""一块石头的前世今生"等，也可以设计一些主题式写作"爱——让我欢喜让我忧""赞美——成长的双刃剑"等。

写作训练中的任务设计方式是多种多样的。但是，无论是哪一种方式，我们都应按照以上四个原则进行设计，从而实现让学生有事可写，写作过程中有章可循，写出来的作品有价值；让学生能够在写作中感受到进步，有成就感。

为了让写作训练更加有效，我们在布置写作任务之后，还应该要求学生真正去生活中体验，观察。最后，引用叶圣陶先生的话为本节作结："希望教师能够了解学生的生活，能够设身处地地想象学生内部的意思和情感，然后选定学生能够做的、愿意做的题目给学生作。"①

三、搭建写作任务群落的可行路径

场景化的写作任务是具体的，面对不同区域、不同时代、不同民族的学生群体，写作任务也自然呈现出鲜明的地域性、时代性、民族性等

---

① 叶圣陶.怎样写作［M］.北京：中华书局，2007：52.

特征。它不像我们当前的写作任务一样，以某一主题、某一关键词作为写作任务，基本就是一个大的框架或方向，缺乏个性特征，也缺乏辨识度，放之四海而皆准，难以适应个性化学情。一线教师往往可以随意从大量现成写作任务中选择一些作为我们写作教学的写作任务，但也为学生写假话、套话、仿作、套作埋下了伏笔。

既然写作任务要适切学情，而学情往往又直接掌握在一线教师手中，那么开发写作任务的大部分重任就落到了一线教师的肩上。

当然，如果纯粹靠教师个人单打独斗，开发出一套既贴近学生生活实际，又能有效落实写作教学目标，既能体现叙事类写作教学一般思路，又符合学生身心发展规律的写作任务群，是不太现实的。

可行的办法是：由某地区市县教研机构牵头，组织精锐力量，按照写作教学思路，先分板块，每一个板块开发若干适合本地区学生写作的写作任务。然后，各学校组织骨干团队，在本地区写作任务群的框架内，根据本校校情，对该写作任务群进行有效的筛选和补充，形成校本写作任务群。各班语文教师根据本班教学进度和学生的实际情况，在校本写作任务群的基础上按需求进行选择、调整或补充。这样一来，专业团队制定框架，建立基础任务库，确保写作任务的品质和教学实施的方向，一线教师有足够的资源、优质的参照、调整的空间，确保写作任务既不偏离正确的方向，又能适切本班学情。

写作任务到底适不适合学生写作，有赖于实践的检验。例如，为了锻炼学生对人物动作的细致观察和精准描写，我们曾经开发了一个写作任务——"理发"，但是经过两轮的实践，发现学生呈现出来的作品基本无法达到预期。虽然经过了后期的写作教学，如如何描写精细的动作等，但依然收效甚微。不管是教学失当，还是其他原因，这个难题是很难突破的，于是我们就干脆放弃了这个写作任务。但是，这并不妨碍我们整个写作教学的推进。

经过几轮的实践之后，写作任务群就基本呈现出稳定的状态。在教学中，除了对一些偶发的热点事件进行必要增补，写作教学的整体框架就基本确定下来了。我们只需要按照写作教学思路，按部就班地进行写作教学训练，不需要另起炉灶。写作任务的先后次序按照写作教学思路进行排序，配套以相应的写作技法教学，也就形成了较为合理的写作教学序列。一线教师在前两轮的摸索探究阶段可能会遇到这样那样的问题，但是长期来看，这种写作教学相对于目前松散的写作教学而言，结构更加科学合理，更易于操作，并不会给一线教师增加太大的负担。

四、设计写作任务的具体参考思路

（一）家庭生活

日常家庭生活是写作的巨大宝库。传统的写作任务很多都为亲情类。可以说，亲情类题材基本可以应对所有的写作任务。但是很可惜，真正的家庭生活并没有进入学生的写作视野。除了作文素材的故事性需求之外，还因为家庭生活太过繁杂琐碎，有些不适合写作，有些适合写作但是又不适切写作任务或不适切写作主题导向，有些因为适合写作又能够适切写作任务，符合写作主题导向，但是学生没有留意观察或者及时记录而被流失，被遗忘。

教师在深入了解学生群体生活日常的基础上，对繁杂琐碎的生活原貌进行归类梳理，筛选出一些符合当前写作主题导向的生活场景，并设计为写作任务。比如，"周六的晚餐""老屋""一张老照片（全家福）""我家的'传家宝'""妈妈的周末"等。除了生活当中发生的现成的生活场景，我们也可以设计一些在日常生活中可以开展的活动作为写作任务，比如"跟着妈妈去买菜""听＿＿＿说说他们的陈年旧事""散步"等。当然，我们也可以结合一些传统节日，以当地家庭如何过节设计写作任务，比如"我们家的年夜饭""中秋团圆夜""初一拜大年"。同样，也可以就着节日，布置学生去策划、组织、开展一些节日活动，并以此作为写作任务，比如"五月节，包粽子""我的BBQ之夜""献给弟弟的六一PARTY"等。

（二）日常校园生活

大部分初中学生都有住校经历，校园生活几乎等同于日常生活。校园生活比较单调，上课占据了绝大部分时间，课外也有许多统一的活动安排，外加作息时间统一，这就导致属于学生个人的自由空间和时间不多。平常关于校园生活的写作也不多，但很多教师都会布置一些针对校园较大型集体活动的内容来写，这确实是不可多得的写作素材。可惜，在设计写作任务时大多只是确定了整个活动作为写作对象，其他要求比较少。这样一来，学生发挥的空间大，但同时写作的方向感也弱，学生面对着这么典型的素材往往不知道怎么取舍。而且，因为平常这种确定题材的写作任务少，一下子面对如此复杂的写作场景，学生很难驾驭。

鉴于此，我们在设计校园生活类写作任务的时候，要注意遵循由简及繁的原则，在初级阶段应该选择比较简单的场景作为写作任务，比如"早安，校园""窗外的石榴树""人物速写：幽默的数学老师"，即便是比较隆重的集体活动，为了给学生一个更加明确的写作方向，我们也最好从活动中摘取一些比较惹眼的片段作为写作任务。以校运会为例，我们就可以从中截取"最飒的出场表演""咱们班的吉祥物""百米短跑决赛的起跑线上""五千米长跑的终点线上"等。当然，我们还可以就校园活动设计一些创意写作项目，比如为校运会写主题歌歌词，为班级获奖同学写颁奖词，等等。

（三）日常社会生活

目前的写作教学对社会生活关注得太少，导致学生写作视野狭窄，整个思路都局限在"小我"的世界里，不利于学生社会性格的形成。我们的写作教学应该引导学生积极参与社会生活，并在社会生活中勇敢自信地表达自己的感受和思考。通过写作任务设计，引导学生多关注社会热点，多挖掘社会亮点，积极拓展优质的社会教育资源，引导学生自觉向风清气正的社会氛围靠拢。

比如：乘一趟公交车，看看人生百态；体验一下广场舞，感受一番国泰民安；参与当地传统美食制作，体验一番风俗民情，还可以以任务驱动的方式，设计一些可以挑战的项目，比如：可以围绕"文明是一种习惯"让学生随记身边文明行为和不文明行为场景，并表达自己的感受和思考；可以动员学生邀请家长做一次短途骑行，规划好骑行路线，串联当地的一些适合休闲观光的景点，写作类似于"旅游攻略"的导游笔记；可以申请参与志愿者活动，写一篇志愿者日志，记录自己在自愿服务当中的所见所闻、所感所思；可以发动学生积极参与当地政府部门主导的一些宣传活动，比如通过采访，撰写人物通讯，推荐身边优秀人物参加"A 地好人"选树活动等。

第三节　场景化叙事写作教学的具体实施

一、场景化叙事写作教学的"四阶"整体规划

场景化叙事，改变了传统叙事类写作教学以写作技法教学为纲的教学格局，它最核心、最关键的改变在于写作任务的设计理念和操作方式，它的写作任务指定了写作对象，解决了学生在素材上的困难。

当写作教学的主体思路发生改变，教学序列不再依靠写作知识点进行排列组合时，我们势必要重新寻找一个有序教学的凭依。以指定写作对象为写作任务，写作任务即成了每次写作中最确定的元素，那么以它来作为教学安排的凭依，自然是最好的办法。场景化的叙事作品，既可以是单场景描写，比如朱自清先生的《荷塘月色》《绿》，也可以是多场

景的组合，比如鲁迅先生的《阿长与〈山海经〉》《藤野先生》，也可以由多场景组合成情节，比如《走一步，再走一步》《羚羊木雕》等。

而单场景又可以分为简单的场景和复杂的场景，比如"一张老照片""老屋"等静态场景，又如"中秋晚上烧烤乐""跟着妈妈去买菜"等繁杂的动态场景。由此可见，生活场景其实自身就具有渐进性，进入门槛低，但拓展空间大，这就为我们有序开展教学提供了一个比较适合的梯度。

经过实践打磨，我们可以把教学过程粗分为四个台阶。

（一）第一阶——单场景写作

这是叙事写作的基础阶段，也可以说是起步阶段。在这一阶段的教学中，我们首先明确了场景的概念；从生活呈现的方式和学生自身的生活记忆入手，让学生了解什么是场景，从而让他们接受场景化的叙事观。然后，我们以场景化的写作任务为教学载体，教授学生如何观察体验生活场景，如何有条理地、详略得当地描写场景。

在教学过程中，我们根据对本地的风土人情和学生的一般生活状态的考察，整理开发了颇具共性又饱含温情的生活场景，按照由静态到动态、由简单到复杂的顺序排列，构架起整个学年的写作教学序列。在整个写作序列的教学中，我们强化观察、体验在写作中的重要地位，并给予学生明确的引导和充足的支持。在写作的过程中，我们改变传统写作教学以技法教学为主线的教学思路，根据写作任务的特点和学生的迫切需求，以随文教学的方式，穿插相关的描写类技法教学。

在这个阶段的教学中，绝大部分学生要基本适应场景化的叙事模式，描写的成分在作文中所占比重大大提升，为了让场景更加形象生动，修辞运用的频率和质量较往届学生明显占优势。除此之外，我们还通过一个学年的写作训练，积累了大量关于亲情、友谊和成长的生活素材，也为开展下一阶段的教学奠定了坚实的基础。

【示例三则】

我家也有"传家宝"

每个人，每个家庭，总有那么一两件看似不起眼却又分外珍贵的东西。

请你做一次小记者，采访一下你的爸爸妈妈、爷爷奶奶，问问他们身边最珍贵的物品是什么，并请他们详细地介绍一下这件物品的由来以及它背后的故事。

然后，选择你觉得最有意义的一件物品作为本文的描写对象。首先请仔细观察这件物品，从第一眼的印象，再到局部细节，包括形状、颜色、质地、气味等，尽可能地细致，并用文字描绘出来。这是文章的主体和亮点，一定要用心去做。

最后，整理自己采访所得，将与之相关的故事也一并献上。题目自拟，或者以该物品的名称为题，如《羚羊木雕》。

老 屋

记忆里总有一幢房子，青山绿水，碧瓦红墙。

你的世界里是否也有一幢这样的房子？你的童年就在那里，院子里的藤椅、门边的麻石墩、八仙桌、太师椅，一草一木、一事一物无不留下了你最简单、最快乐的回忆。

或者，每个寒暑假，只要你的父母有空，他们就迫不及待地收拾行李，长途跋涉，带着你去一个非常陌生的地方。那里房屋破旧不堪，低矮的屋顶上长满野草，一片狼藉。那是你爸爸或妈妈出生、成长的地方，那里有他们最温暖的记忆、最沉重的岁月、最长情的牵挂。

你可以通过照片去观察，去回忆。如果有条件，也可以独自去老屋前走一走，看一看。先看看老屋周围的环境，看看它的外部结构。再走进去，看看屋内的陈设，闻闻烟火的味道，摸一摸斑驳的木门、雕花的窗棂……用心感受时光变迁，岁月留痕。

老屋是一个充满回忆的地方，所以你还可以在文中罗列一些老屋生活的点点滴滴、喜怒哀乐，这些总会给老屋镀上一层温暖的色彩。

餐桌上的美好时光

民以食为天，一家子最常聚在一起的时光，便是一日三餐的时候了。这是分享美食的时刻，更是情感交流的时刻。

可自从上了初中以后，寄宿制的生活拉开了你与家人之间的距离。但是没关系，也许距离更能产生美。请珍惜周末相聚的机会，捕捉一下自己家餐桌上的美好时光，让它烙印在你的记忆中，成为永恒。

调动你的各路感官，面对爸爸妈妈张罗的一桌子好菜，不急着动筷子，先细心观察一下餐桌的环境，聆听一下熟悉的呼唤，闻一闻那让你魂牵梦绕的熟悉的味道。

在满足味蕾的同时，留意一下爸爸妈妈或其他家人的举箸端碗，夹菜添饭，一举一动，一笑一颦。在边吃边聊、其乐融融的美好时光中，细细品味其中流露出来的家的味道、爱的味道。

（二）第二阶——寻意写作

这是叙事写作的提升阶段，也是叙事内涵得以丰富和深化的关键一步。寻意写作的主要目的是为学生的叙事写作提供思维支撑，其重要性在前文已经做了简单的说明。寻意的价值不仅关乎写作能力的培养，也关乎对学生人格的塑造，为学生有思想、有深度的表达提供源头活水。

在这一阶段的教学中，我们仍然将有针对性地挖掘大量生活素材作为写作任务。在写作过程中，观察、体验和描写训练仍然占据着极其重要的地位，但是在教学上，应该将如何引导孩子深入体会、感受、反思并获得启示作为新的关注点。我们相信，每一个现象的背后一定隐藏着一些东西，需要去挖掘；更要相信，通过写作的梳理和归纳，被挖掘出来的东西会更加深刻，更加清晰，而这种思想成果一旦形成，它会反过来滋养写作者。如何挖掘场景背后的蕴含，便是我们寻意写作阶段教学的关键所在。

在教学实施过程中，我们可以提供一些比较典型的生活画面，大家一起倾听画面背后的声音，从而归纳整理出一些比较常见的寻意方式，如换位思考、穷根究底、联想、想象、纵横对比等，正面引导学生学会感悟生活、反思生活、解读生活，从而获得启示。但是，由于教学随文展开，比较零散，后期的理论探究工作不力，导致目前我们没能提炼、形成全面、严谨的寻意教学体系。

【示例三则】

春天里的落叶

春天，应该是一个万物复苏、生机蓬勃的季节。操场的草坪又换上了新绿，教学楼前的三角梅、木棉花争奇斗艳。但是，请大家去看一看学校综合楼前的那一排小叶榄仁，那里黄叶满地，光秃秃的枝丫在春风中显得不合时宜。是春风遗忘了校园的这个角落，还是小叶榄仁未能嗅到春的气息？请先描绘你见到的小叶榄仁的模样，它会引起你怎样的联想，能给你怎样的启发和思考？

凝望

凝望，是指目光凝聚在某个物品或某个人物身上，是一种专注于某个对象或场景的关注方式，常常寄予深情或附带沉思。想想你身边是否有过这样的目光，平静、专注，却饱含着深情和期待。这种目光中流露出来的情感与凝望发出者眉宇间的表情、肢体形态及身处的时空环境合在一起，构成了一幅隽永的图画，值得我们像绘画一样，一点点勾勒，一层层着色，尝试着从他们的凝望中阅读他们内心深处的所思所盼。

妈妈的唠叨

十四五岁是一个特别喜欢吐槽家长的年纪，对妈妈的依恋、对爸爸的崇拜逐渐被各种不耐烦和各种抱怨替代，妈妈的耐心变成了唠叨，爸爸的风趣变成了指责。这次写作需要我们从日常相处中，把妈妈在不同时间、不同场合、不同情境下的唠叨摘出来，好好记录，细细品味，认真思考她们对我们的一言一行、一举一动、一颦一笑中包含着怎样的心理和情绪。然后，思考亲子关系发生了这样的变化，其背后的原因是什么，这种变化中有没有不变的元素。也许我们在这一系列的思考之后，会对妈妈的唠叨多一些理解，少一点儿抱怨。

（三）第三阶——主题写作（多场景写作）

这是叙事写作的整合阶段，也是将个性化的场景化叙事积极融入一般叙事当中的总结收尾期。本阶段所选择的叙事模式是叙事中一个极其重要的、具有奠基意义的分支。我们的教学目标并不是让学生局限在这样一种叙事模式当中，而是通过这个环节夯实叙事写作的基础，积累充足的素材，培养学生生活作文观，最终使学生能够提升叙事类写作的整体实力。

在这个阶段，我们首先考察了大量的优秀散文作品，从中归纳提炼出了四种典型的散文文体范式：一为"一枝独秀"，以一个典型的大场景作为文章表情达意的载体；二为"一线串珠"，以某一线索串联多个场景，来表情达意；三为"二泉映月"，以双场景作为对比来表现文章主题；四为"众星捧月"，以某一场景作为主体，附带若干小场景作为陪衬，共同完成某一主题的塑造。

虽说散文写作无定法，无规则，但是我们归纳一般的叙事类散文章法，为学生确立可行的写作体式，帮助学生顺利走出文学性散文的第一步，也是十分必要的。当他们习惯了这样的写作形态，自然也就可以慢慢突破格式的局限，真正走向无规则的散文写作。

【示例三则】

(颜色)_____的光阴

有的情景似曾相识，但人物感受却截然不同；有的画面截然不同，但是人物感受却似曾相识。我们经历过许许多多的场景，虽然时间不同，地点不同，相伴的人不同，但是感觉却总是那么相似。或许，这就是我们成长中必须要走的一段路。这个过程可能是喜悦的，也可能布满了烦恼，可能是温暖的，也可能夹杂着许多无奈和辛酸。请先以一种贴合自己感受的表颜色的词语补充标题，然后进行写作。建议以某一线索作为主线串联不同年龄阶段的相似场景，再通过场景中的不同体验来表现自己成长的感悟和思考。

14 岁的晴和雨

生活的碎片，记录着我们的欢喜和忧伤。14 岁，我们站在青春的起点，怀抱着对未来的美好憧憬，向稚嫩天真的童年挥手告别。身体和心理都在悄悄地成长，情绪偶尔也会恶作剧一般左右我们对生活的判断。不管当下的你是在为不确定的未来而焦虑难安，还是依然天真地以为享受当下才是王道，真实的生活都正逐渐以陌生的面目靠近你，有晴也有雨。看得见阳光，承得住烦忧，青春才能绽放出更加绚丽的光彩。要相信光，也要接受风雨的洗礼，不要在一种颜色中固执地徘徊。请以"14岁的晴和雨"为题，把生活中的欢笑、泪水、温暖、委屈，一吐为快！

付出，也是一种收获

有付出才有收获，但并不是只要付出就能有预期的收获。当我们努力付出之后，在预期的收获还没有来临之前，我们的内心难免彷徨和失落。但是，付出不仅仅是谋求预期收获的手段，也是成长过程中需要具备的基本品格。我们要始终相信，即便迎来了失败挫折，生活也会以另一种方式给予回馈。同样的经历，换一个角度，你或许会发现挫折对于我们成长的价值。所以，请相信，付出也是一种收获。

（四）第四阶——情境写作

我们要立足生活实际，创设与学生生活环境和知识背景相关的、学生感兴趣的、有社会现实意义的真实情境，并由此设计不同形式、不同角度、不同目标的写作任务，形成在某一主题下的写作任务群。

【示例三则】

给詹姆斯的回信
——向一位外国朋友介绍一个自己熟悉的民俗传统

最近，我收到一个来自美国的电子邮件。发信人叫詹姆斯，他是一个游学机构的负责人。

附邮件原文：亲爱的同学，我一直很喜欢中国，喜欢这个古老而又富于活力的神奇国度。我们很多中学生朋友也一样，对此很感兴趣。所以，我很想找个时间带着孩子们来中国，一睹它的风采。考察当地传统民俗、风土人情，但是我不知道什么时间来最好，去什么地方最合适，有哪些好看的、好玩的节目，希望你能够给我一些有效的建议，并且有足够的资料能够让我去做好这个导游——当然，首先，它得有足够的魅力，能够让我去说服我的孩子们。

"最美教师"选树

学校即将进行第一届"最美教师"评选活动。为了在公平、公正、公开的基础上选出同学们心目中的"最美教师",充分展示我们心目中最美教师的形象,学校《绿洲》文学准备出一期"最美教师"专题校刊。请大家积极推介自己心目中的最美教师,并为该教师撰写人物通讯,让更多人了解。你们可以个人单独写作,从自己的独特视角来表现自己心中的最美教师;也可以自由组队合作,全方位展示大家心目中共同的偶像。举办方承诺,只要文章被校刊刊载,该教师即自动获得"最美教师"候选资格。一起为我们心目中的最美教师助力吧!

骑行攻略

春季,一个适合骑行的季节。根据自己家的所在位置,了解一下周边区域适合观光休闲的景点,并前期搜集一些与该景点有关的资料。先做好"纸上谈兵"的工作,然后再规划骑行的路线,注意把计划观游的经典景点圈画好,把途经的道路标画出来。如果计划在途中用餐的话,请注意把控好时间和节奏。找个适合的天气,约上家长或几个好友,带上手机、相机及出行装备,骑上单车,一起出发吧。

读万卷书,行万里路。骑行的过程中要积极体验骑行和游玩的乐趣,要善于发现旅途中的美好,要主动地向伙伴和其他游人介绍各个景点的故事与文化。骑行结束以后,认真梳理一天的行程,摘取一些你认为值得向他人推介的景点或美食,结合自己前期查阅的资料,写一篇《A地排骑行攻略》,并配上图片或视频。如果技术允许,你也可以将丰富的图片或视频进行剪辑,将文字作为画外音脚本,制作成一个旅游日志的电子相册。

二、写作教学一般实施流程

在场景化叙事中，写作教学较传统的写作教学流程要复杂，一般可分为以下几个步骤：

第一步，挖掘学生实际生活中普遍存在的场景素材，确定某一场景为写作任务。为什么要确定场景类型，这一点我们在前文已经探讨过，解决素材难题是帮助学生顺利进入写作实践的关键。挖掘出合宜的素材并不是那么简单的。教师要有一个大致的方向，这种方向往往是基于写作教学的总体规划，但是具体到某一写作任务，则应更多照应生活实际，所以，我们应该对学生的生活有充分的了解。教师与学生之间不可避免地会存在一些隔膜，这不仅仅是年龄带来的代沟，也包括各自的地域文化、生活圈子、家庭背景等方面的差异。这就要求教师与学生保持充分的沟通互动——这是教学过程中师生的第一轮互动。教师在充分了解学生日常生活状貌的前提下，寻找他们生活中共同的元素或者大家都具备条件可以开展的活动，完成写作任务的设计。

第二步，引导学生进入生活观察、体验，并广泛搜集第一手素材。写作任务的对象是生活中真实发生的场景，但是如何观察、如何体验，并不是无师自通的能力。当然，有了写作任务的驱动，学生的观察、体验就有了动力，但是方法和经验却需要教师的引导。这是师生之间的第二轮互动。学生在教师的指导下，进入生活观察、体验环节，并将他们观察、体验所得用简单的文字记录下来，这就是素材的原型。它们是零碎的、直观的，但是这些第一手的素材非常重要。他们在整理第一手素材时常常会遇到困难，比如对生活知识的缺乏带来的表述障碍。这些障碍是具体的，是可以表述的，自然也可以通过向教师、家长请教或者查阅相关资料去突破。

第三步，自主预写作。学生积累了丰富的第一手材料，写作的难度就大大降低了，接下来就要独立进入初稿的写作阶段。写作在充分的准备下开展，前期师生互动的势能就有效延伸到了学生写作实践当中。写作本身就是一个个体行为，在学生写作过程中，教师很难进行干预，但是教师可以在前期与学生互动过程中，帮助学生解决写作中可能出现的困难，让学生的写作实践得以顺利进行，这种支持就填补了写作过程中"教"的缺位。

第四步，评阅初稿，针对普遍存在的写作短板开展二次备课。这个过程与传统教学的评阅打分不同。传统写作教学的评阅打分是一个总结评价行为，这里的评阅是把握学情、确定教学起点的一种手段。所以，在这个环节里，打分、评语都似乎不那么紧要，关键是能否抓住在描写这类场景时学生普遍存在的不足。比如在"一张老照片"的写作中，学生交上来的作文大多对照片描写得不具体，分不清哪些应该细致描画，哪些应该概括勾勒。那么，我们教学的重点就应该帮助学生学会如何区分焦点与背景，弄清楚对于照片焦点的描写可以涉及哪些具体内容。以人物生活照为例，照片的焦点往往是人物，那么人物的姿势、神态、衣着、发型等都可以成为描写内容——这便形成了我们课堂教学的目标和内容。

第五步，课堂教学。确定了教学目标和教学内容，教学实施的针对性就大大加强了。同时，这些教学内容都是从学生自己的作品中提取出来的，正面、反面例子都是现成的，学生对教学相关知识点的理解，不再像从前那样通过名家名作来理解，显然那样有隔膜。教学得到的回应自然也会积极很多，学生的参与度大大提高。这种效果是传统写作教学无法达成的。

第六步，修改评价。课堂教学结束之后，学生开始进入后期修改完善环节。经过课堂学习之后，大部分学生能够在自己的原作上进行较大幅度的修改，也有一些学生仍然面临困难。当然，我们想要通过一节课解决所有学生的难题是不可能的。教学的点是有限的，教学能够解决的问题也是有限的，我们不能奢望学生在经过一次教学之后就能拿出一篇质量上乘甚至完美的作品，但只要能够在教学点对应的问题上有所改善和突破，那么我们就应该给予肯定，在评分标准上也应该予以体现。以《一张老照片》为例，只要作品中描写够具体，焦点与背景能够有明确的区分，我们就可以认定教学目的基本达成，即便字数不达标、描写零乱、语言苍白等情况一如既往地存在，我们的评价也应该在凸显学有所获上给予学生以积极的引导。当然，也会有一部分同学在教学点相应的问题上仍然不过关，可以在条件允许的情况下面对面地指导，跟他们一起修改自己的作品，慢慢引导他们走出困境。

我们以其中的一次写作课为例，简单介绍在场景化写作视域下写作教学的大致流程。

（一）写作任务设计

本次写作任务为"跟着妈妈去买菜"。选择这样的写作任务主要有三点考虑：第一，我们对场景刻画的写作教学已经经历简单的静态照片类场景写作教学，简单的动态场景类写作教学，人物外貌、人物语言类的写作教学。按照由简到繁的大体教学思路，我们应该让学生逐渐尝试着写比较繁杂的场景。第二，作为东莞城镇化水平较高的镇街，买菜是一般家庭的日常事项，各个社区都配备大大小小的菜市场，交通便利，参与体验比较方便。第三，据口头调查，班上只有少数几个女生有过买菜经历，大部分学生在家很少参与买菜、做饭等家务活动，这是目前家庭教育普遍存在的缺陷。一味强调学校的知识教育，而对学生的生活教育、劳动教育却不重视，这也是学生写作脱离生活的一个重要原因。

附：写作任务单导语

同学们，每次回家都有一顿丰盛的大餐在等着我们。当我们吃得津津有味的时候，是否能够体会到这顿大餐的背后凝聚了父母的辛劳付出？你是否体验过他们的辛劳？比如，你们有没有跟着爸爸妈妈去菜市场买过菜呢？

如果有，先要表扬一下你自己。但下次买菜的时候不要那么着急，早一点儿去，先看看这个菜市场是什么样子的。它是一座怎样的建筑，那里琳琅满目的招牌、拥挤而有序的摊位、形形色色的摊主和顾客、各种各样的货品……它们都是很好的写作素材。如果你无法一下子记下那么丰富的内容，可以先拍一些照片，然后慢慢筛选、细细斟酌，用文字记下这些很有生活气息的画面。

如果你没有买过菜，那么请务必找一个周末的清晨，跟妈妈一起去附近的菜市场转转，体验一下生活。当你走进菜市场的时候，看到的、听到的、闻到的，都是菜市场所特有的，请认真感受，认真观察，将点点滴滴记录下来。

写作的时候，你一定要把握好菜市场这个特殊场所的特点，描写应该突显出你的主观感受。然后，要留意妈妈买菜的过程，关注她的言行，你总能在细节中看到她的用心和不易。

（二）写作前开展观察体验指导

在布置写作任务的同时，我们利用一点儿课堂时间，对学生写作的前期准备进行指导并提出要求。其一，利用周末时间，陪同妈妈去附近的菜市场买菜。其二，买菜的过程中，要留意市场的具体位置，整体布局，注意观察菜市场摊贩陈设，来往的人群、车辆；注意调动各个器官，见到的、听到的、嗅到的、尝到的，全方位获取对菜市场的第一印象，充分感受人间烟火气。其三，带上手机或相机，可以拍摄照片，可以录制视频，注意寻找合适的角度，尽量提高画面的质量，以备后期写作所需。其四，整理素材，筛选优质的照片或视频发到朋友圈里，配上精彩的文案，在班级群共享，并将观察结果整理成文字，比如看到的、听到的、嗅到的、尝到的分门别类加以梳理。其五，大家在整理素材的过程中，如果遇到一些不会表述的内容，可以上图在班级群提问，大家互问互答，增加生活知识的积累，解决表述的基本障碍。

附：经过互问互答，我们梳理积累了以下生活知识

市场分区：熟食区、肉档、蔬菜档、水产区、三鸟区等

菜种类：（略）

常见菜市场设施：彩条布、遮阳伞、箩筐、菜篓、摊位、摆台、三轮车、板车、独轮车、电子秤、托盘秤、杆秤、磅秤、橱窗、砧板、塑料袋、蛇皮袋

声音：马达、吆喝、铃铛、喇叭、打招呼、讨价还价……

气味：鱼腥、肉腥、腐烂、霉味、调料香、尾气、烟味……

（三）当堂写作

周一上学后，我们进行当堂写作，按照场景化叙事的相关要求，不定主题，不定篇幅，只需要将自己跟随妈妈去买菜的全过程写具体，写清楚，并根据自己的直观感受确定写作的详略关系。在写作过程中，教师可以对有需求的学生进行个别指导或建议，但不做集体辅导。

（四）首次批阅，二次备课

学生当堂写作完成以后，教师进入批阅环节。在批阅的过程中，我们除了对卷面书写进行基本要求外，评价聚焦于学生对买菜过程中场景的刻画是否具体，是否细致，是否能够勾勒菜市场的全景，是否能够区分描写的详略关系等。在评阅的过程中，我们发现了一个普遍存在的问题，大家的描写都比较具体，也不乏细节，但是总体来讲，菜市场的繁杂的气氛没有能够很直观地呈现出来。如何将繁杂的场景

写出繁杂的气氛，这是我们这次写作课要解决的主要问题，于是教学目标基本确定。

接下来就是二次备课阶段。我们根据自己的阅读经验去寻找了一些包含着繁杂场景的经典作品，如老舍先生的《骆驼祥子》中就有不少关于繁杂场景的描写，我们摘取了其中两段作为范例：

【范例一】

城门洞里挤着各样的车，各样的人，谁也不敢快走，谁可都想快快过去。鞭声、喊声、骂声、喇叭声、铃声、笑声，都被门洞儿——像一架扩音机似的——嗡嗡地连成一片，仿佛人人都发着点声音，都嗡嗡地响。祥子的大脚东插一步，西跨一步，两手左右地拨落，像条瘦长的大鱼，随浪欢跃那样，挤进了城。

（选自老舍《骆驼祥子》）

【范例二】

响晴的蓝天，东边高高的一轮红日，几阵小东风，路旁的柳条微微摆动。东便道上有一大块阴影，挤满了人：老幼男女，丑俊胖瘦，有的打扮得漂亮近时，有的只穿着小褂，都谈笑着，盼望着，时时向南或向北探探头。一人探头，大家便跟着，心中一齐跳得快了些。这样，越来越往前拥，人群渐渐挤到马路边上，成了一座肉壁，只有高低不齐的人头乱动。巡警成队的出来维持秩序，他们拦阻，他们叱呼，他们有时也抓出个泥块似的孩子砸巴两拳，招得大家哈哈的欢笑。

（选自老舍《骆驼祥子》）

从范例中，我们试图提炼出如何描写繁杂景象的方法。

知识点一：对于拥挤繁杂的场景，首先应该积累足够的素材，然后以罗列的方式，将这些繁杂零碎的素材铺排出来。铺排的时候注意分类，譬如范例一中："各样的车，各样的人""鞭声、喊声、骂声、喇叭声、铃声、笑声"；范例二中："老幼男女，丑俊胖瘦，有的打扮得漂亮近时，有的只穿着小褂"。这样的罗列能够最大限度地展示画面中丰富的内容，从而呈现出拥挤、热闹、繁杂的画面感。

知识点二：将所收集的素材进行初步筛选归类，然后按照先总写一笔，再分述各类的方式展开铺陈。在铺陈过程中，以白描和罗列为主，多用短句子，以加快表达的节奏，这样就能够将繁杂的气氛烘托出来。

另外，根据行文的需要，我们补充了一个知识点：

知识点三：繁杂中也应该有焦点。根据文章主题的需要，作为焦点的人或物，都应该独立出来，单独描写，尽量细致。例如，范例一中："祥子的大脚东插一步，西跨一步，两手左右地拨落，像条瘦长的大鱼，随浪欢跃那样，挤进了城。"

一般对作为焦点的人或物的描写会出现在罗列铺排之后。这是因为前面的罗列铺排其实是一种背景描写，而作为焦点的人或物才是场景的主体。所以，画面的层次应该要清楚分明。

（五）课堂教学

在课堂教学中，我们展示了一些比较优秀的作品，同时通过展示存在此类问题的一些作品，引导学生在自己的作品中找出问题，通过搭建问题支架，提供优秀作品参照，让学生围绕话题进行小组合作研讨，集合集体智慧，寻找解决问题的办法。教师在课堂上适时引导，点拨归纳，步步为营，直至达成预期教学目标。

（六）自主修改，二次批阅，个别辅导

教学结束以后，学生利用课后时间，根据课堂学习所得，对自己的初稿中关于菜市场热闹繁杂的场景进行修改。修改完成，教师再一次批阅作品。当然，仍然有少数同学没有能够按要求很好地修改自己的作品，教师利用课余时间对这类学生进行面对面辅导，力争让具备基本写作能力的学生能够最大限度地落实课堂所学。

（七）展示应用

终评完成以后，我们组织学生对全部作品进行投票，筛选出十余篇优秀习作，粘贴在班级学习园地，供全班同学学习。我们还在学校劳动节成果展中，向学校申请开辟了家庭劳动写作专门展板，展出本次写作中的优秀习作。

附：优秀作品一篇

跟着妈妈去买菜

2017 级初二　周同学

周末，天气晴朗，难得起了个大早。今天有一个艰巨的任务——跟着妈妈去买菜。

坐在妈妈摩托车后面，任由晨风扑面，顿时觉得神清气爽，一路走街串巷，路上行人不多，往日纷纷扰扰的街道难得地清净，连地面也显得干净整洁了许多。从石排大道太和路口右转，我们就近找了个位置停车。妈妈拎着她的针织手提包走在前面，我便老老实实地跟在后面。往前走几步，小街道忽然就拥挤了起来，两边停满了小面包车、小四轮儿车，中间留出不足两米宽的街道。人头渐渐多起来，时不时有三轮车在人群中来往穿行，速度极快，左冲右突，嘀嘀的喇叭声焦躁而急促地响着，恨不得用声浪开出一条宽阔的路来，真叫人心惊胆战。妈妈介绍说，这是专门给工厂、企业等大主顾送菜的车，每天四五点就在这菜市场来来回回，常年不休，也不容易。

终于来到市场了，据说这是石排镇最大的菜市场。"菜品非常齐全，菜色也非常不错，价钱比其他市场要高一点儿。"妈妈一边走着，一边给我介绍，就像一个资深导游。人慢慢多起来，有的已经买好了菜，大包小包地拎着，急匆匆地往回赶；有的挎着空篮子，东张张，西望望，悠游自在得很；也有的三五几个结伴而行，大声说着笑着。两边店铺都开了，琳琅满目的干货整整齐齐摆在摊板上，从店里一直延伸到街道上。早餐店门口热气腾腾，守在蒸肠粉的屉子前的老板手忙脚乱，老板娘则忙着招呼入店的客人，转身又将桌上剩下的杯盘收拾干净，动作麻利极了。摊位与摊位之间还有几个老婆婆，蹲坐在自带的小板凳上，面前地上铺着彩条布、蛇皮袋，上面零零碎碎摆着一些自家种的青菜、豆角、南瓜等蔬菜。她们似乎并不着急，时不时转头跟隔壁摊主聊上几句，也许是老街坊了，神情自然亲切。

终于来到市场入口，进去才发现原来菜市场的主体隐藏在左边建筑的架空层，南北约两百余米，东西宽五十余米，里面光线较暗，却人头攒动，摩肩接踵。南半区是鲜肉档，猪肉档、牛肉档、羊肉档、三禽档，还有熟食档，风格各不相同。摊主总会把不同部位的肉分切好，或摆或挂，以供挑选。摊主忙着招呼来来往往的客人，"今天的肉特别靓啊！好新鲜……要不要切一点儿？……谢谢了……用辣椒随便炒一炒就很好吃的，放心啦……"。旁边总还有一个默不作声的搭档，低着头处理砧板上客人挑好的肉。"笃笃笃"，摊主手起刀落，很快就按照顾客的要求把肉分切成均匀的小块，装袋系好，一气呵成。

出了架空层，穿过一个铁皮棚区，我们又来到了三鸟市场。一间间小房子里装满了铁笼，里面全是活的家禽。老板就坐在门口的交椅上，在冲天的臭味和漂浮着毛屑、灰尘的空气里，自在地喝着茶，刷着手机。见到我们，他立刻起身，给我们介绍家禽品种和价钱，妈妈挑了一只三黄鸡，据说用它煲汤最合适不过了。老板掀开铁笼，用一根铁钩子钩住一只吓得无处可躲的三黄鸡，往外一拉，另一只手立马逮住，将双翅一绕，放在秤盘上过了秤，便拿进去处理。不一会儿工夫，三黄鸡已经被开膛破肚，光溜溜地装在红色塑料袋里。我顺手接过来，妈妈忙着扫码付账。

回家了，第一次这么认真地逛菜市场，各种异味儿似乎还留在鼻腔，各种嘈杂似乎还留在耳边，生活不易，谋食艰难。

本次写作教学的整个流程基本完成，耗时两个课时。但在课前课后，师生都做了大量的工作，较传统的写作教学，流程似乎更加繁复，耗时也更多。但在整个教学过程当中，学生们从深入生活观察、体验，积累第一手素材，到当堂写作，完成初稿，再到写作教学课堂，发现问题，解决问题，最后进行修改打磨，虽然付出很多，但是这恰恰就是写作的常规路径。我们以前简单的教学流程正是忽略了写作的常规路径，想当然地开展"第五个馒头"式的教学，虽然节省了成本，但是达不到提升学生写作能力的目标。

三、场景化叙事写作教学的"两翼"辅助机制

除了确定教学主线之外，我们还应该为学生写作提供一些有益的辅助教学措施，比如要坚持常态培养学生良好的语感，要为他们写作不断蓄力，要帮助他们养成良好的写作习惯。

所谓"两翼"，即朗读训练常态化推进，展示平台的争取和搭建。

（一）朗读训练常态化推进

前文已经阐明朗读对于构建学生优质语言模型的重要价值，所以在教学中常态化开展朗读教学非常重要。我们不仅要提供给学生充裕的朗读时间，建设良好的朗读空间，也要不断充实朗读素材资源库；要通过各种有效的手段营造班级朗读氛围，让学生喜欢朗读，享受朗读，擅长朗读，并能够养成良好的朗读习惯。所以，在课题进行中，我们曾依托微信公众号"朗读小站"，开展了大量的朗读教学、训练与展示活动。由于条件有限，学生的朗读视频制作得比较简单，一般有两种方式：一种是借助现成的朗读软件，其字幕、节奏、背景音乐都是编排好的，录制

起来非常便捷；另一种就是学生自己做好朗读文本 PPT，然后利用录屏软件，一边播放 PPT，一边朗读录音，后期再配上背景音乐即可，学生在经过简单培训之后即可自行操作。视频制作完成之后即可在公众号上推广传播，这对学生和学生家长来说是一个非常有意义的活动。

出声朗读是提高学生语感的重要途径，是写作教学的一个重要辅助板块，其相关教学和训练应该贯穿于写作教学的始终。而且，我们需要不断充实内容，创新形式，让学生在朗读中充分感受语言的魅力，保持对朗读的兴趣，提升朗读能力，日积月累，优化自身的语言品质。

（二）展示平台的争取和搭建

写作成果展示是培养写作实践内驱力的重要方式。我们需要为学生搭建优质的展示平台，让学生在写作过程中有获得感。在课题研究过程中，我们借助学校绿洲文学社的平台，定期编辑《绿洲文学》校刊，除了面向全校征稿之外，日常写作教学中的优秀习作也会被推荐刊发。很多学生得到了极大的鼓励，这对三年来高强度的写作训练能够得到高质量的实施起到了非常重要的作用。如果条件允许，我们可以争取班级家委会的大力支持，实行有酬征稿，鼓励大家多写多投，作品的数量和质量都能得到很好的保障，但是我们并未实行。除了校刊之外，我们可以充分挖掘、合理利用校内一些展示平台，如学习园地、宣传栏、广播站以及读书节、体育节等校园活动平台；也可以对外争取一些平台资源，如地方文联资源、正规刊物、地方网站、社区文化活动等。

也许在师资力量薄弱地区、薄弱学校，这些设想难以付诸实践，但是这样的思路对于激发学生写作内驱力，保持其写作热情是非常有益的，我们可以去尝试，或许能够有更多的途径来帮助学生兑现他们的写作价值，让他们真切地体验到写作带来的成就感。总之，多写是提升写作能力的最有效的途径，但是写作到底还是一件比较辛苦的事，所以外在的鼓励是不可或缺的。

四、从场景化叙事走向情节化叙事

如前文所述，叙事本来就包含着叙述事件变化过程和刻画事件某一状态两种形态，具体呈现在写作实践中，又可以区分为概述和详述两种。所谓概述，即简单交代故事情节，如"从 1920 年开始，我几乎每年都去看望这位种树的老人。"（选自《植树的牧羊人》）所谓详述，就是将故事情节中的某一个片段进行详细的描写，这就是我们提倡的场景化描写。如：

牧羊人拿出一个袋子，从里面倒出一堆橡子，散在桌上。接着，一颗一颗仔细地挑选起来。他要把好的橡子和坏的橡子分开。我抽着烟，想帮他挑。但他说不用我帮忙。看他挑得那么认真，那么仔细，我也就不再坚持了。这就是我们所有的交流。过了一会儿，他挑出了一小堆好的橡子，每一颗都很饱满。接着，他按十个一堆把它们分开。他一边数，一边又把个儿小的，或者有裂缝的拣了出去。最后，挑出了一百颗又大又好的橡子，他停下手来，我们就去睡了。

（选自《植树的牧羊人》）

一个好的故事型叙事作品，往往既有精彩的故事情节，也有动人心魄的场景刻画，概述与详述都不可或缺。上文所举的两个例子都来自《植树的牧羊人》。这篇文章讲的是一个离群索居的牧羊人，通过近半个世纪坚持不懈地植树，把荒原变成了绿洲的故事。叙事以第一人称角度，从"我"第一次踏上高原，亲历当时高原的荒凉，到 1945 年的 6 月，我最后一次见到植树的老人，看到原来的荒原变成了田园绿洲。以数次踏足高原的见闻经历，搭建起老人凭借一己之力让荒原变绿洲的情节框架，其中就不乏一些简洁明了的概述，如五年的入伍经历，退伍后历次探访老人。但为了突出文章的中心，强化老人毅力和无私及其给高原带来的惊人变化，文章对第一次踏进高原和最后一次踏上高原都进行了生动的场景刻画。特别是在叙写初次踏上高原时，作者对荒原废墟、牧羊人的居所、牧羊人挑选种子、上山播种等都进行了非常精彩的详述。

概述以交代故事情节的大致脉络，让读者能够清晰地了解故事中人物命运和情节走向。但"事件的发生总是和具体的场景关联"。失去了关键场景的生动呈现，故事的质感就会大打折扣，故事的感染力也得不到有效的释放。所以"高明的叙事者会通过具体场景的描写渲染气氛，表现某种情感或情绪"[①]。这就像电影一样，故事情节是依靠一个一个场景有序组合呈现出来的。对于一些必要但是又不太关键、缺乏吸引力的情节，导演们往往会通过字幕（如"五年后，洛杉矶"）或者人物对话的方式简单交代（如几个街头小贩窃窃私语，"听说王大人家的大少爷昨天晚上在翠红楼被黑风寨劫走了……"），这就好比是我们写作中的概述。但对于一些关键的场景却总是毫不吝惜笔墨，大肆渲染，一些精彩的动作还会通过慢镜头、多角度展示，以此来获取观众的青睐，这就好比我们写作中的详述。

我们把叙事写作教学与训练的重点放在场景的刻画上，不仅是因为学生场景描写能力偏弱，也不仅是因为场景描写能力的可塑性强，关键还在于场景描写是叙事的一种基本能力。在故事情节设计得当的前提下，一篇叙事作文的质量直接取决于场景刻画的质量。

但是，从写作能力培养的长期目标来看，我们还是要把场景写作能力融入一般叙事的综合写作能力中去。所以，我们在进行了充分的场景化写作教学和训练的基础之上，也可以适当关注叙事综合能力，让学生清晰把握场景刻画与情节叙事之间的关系，了解场景刻画在一般叙事中

---

① 王荣生，宋冬生.语文学科知识与教学能力［M］.北京：高等教育出版社，2011.

的定位。当然，对于少数已经积累了故事型素材的学生，我们也有必要引导他将故事讲得有血有肉、生动感人。

一般的故事情节都是由在一段时间内、在若干空间中不连续发生的因果关系组成的。它关涉的场景可能很多，很琐碎，我们可以把有关的点点滴滴、方方面面都以富于画面感的场景来呈现，所以就必须学会取舍。"对于一件事情的经过，倘若一一要把各方面的情形分头改换了场面来写，遇到复杂的事情，那就不胜其烦了。这时候须用剪裁的工夫，选定几个主要的场面，其余的零星事项，如果不是必要的就舍去。"①

我们一般依照故事本身的信息含量，对故事中包含的场景做适量取舍。"选择场面的标准有二：一要看事件的全经过中，哪些是主要部分；二要看有关系的人物中，哪几个是主要人物。把场面配在事件的主要部分和主要人物上，就不致大错了。"②对于初中阶段叙事类写作来说，600~800 字篇幅，故事情节比较简单，脉络较为清晰，选择的场景不必太多，详叙二三场景为宜。而这两三个场景除了应该关注情节主要部分或主要人物的关键表现，还应该积极关注文章主题，即最能够凸显主题思想的场景应该详叙。确定了详叙场景之后，其他有关故事情节连贯性的环节就只需要以概述的形式，"把脉络、关节交代明白，使人家知道事情的特色和大概，这就足够了"③。

以《羚羊木雕》为例，作者在文中讲述了我把名贵的羚羊木雕送给了好朋友万芳，被家长发现后，又被家长逼着向万芳要回木雕的故事。除去其中插叙部分，文章围绕整个事件，选择了家长追问我木雕的去向并逼迫我索回木雕和我万般无奈下向万芳索要木雕两个主要场景，另外对我伤心地走在回家路上也做了简单的场景描写。而对于整个事件的其

① 夏丏尊，叶圣陶.文话七十二讲［M］.北京：中华书局，2013.

② 夏丏尊，叶圣陶.文话七十二讲［M］.北京：中华书局，2013.

③ 夏丏尊，叶圣陶.文话七十二讲［M］.北京：中华书局，2013.

他相关情节都采用概述或者未做提及，但是这并不妨碍读者清晰地把握故事的脉络。又如，为了表现万芳对"我"的仗义和"我"与万芳之间深厚的友谊，作者采用插叙的形式，又讲述了另外一个小故事：

上星期一次体育课，我们全班都穿上刚买的新运动衣。跳完山羊，我们围着小树逮着玩。一不小心，我的裤子被树杈划了一道长长的口子。我坐在树底下偷偷地抹眼泪，又心疼裤子，又怕回家挨说。万芳也不玩了，坐在我旁边一个劲地叹气。忽然，她跳起来拍着屁股说："咱俩先换过来，我妈是高级裁缝，她能把裤子上的大口子缝得一点儿都看不出来。"

当时，我觉得自己得救了，就把裤子和万芳换了。后来，我听说为了这件事，她妈妈让她对着墙壁站了一个钟头。

"为什么你不说裤子是我的？"

她嘿嘿地笑着："我妈是婆婆嘴，她要是知道，早晚也会让你妈知道。"

我要把裤子换过来。她却满不在乎地说："算了吧，反正我已经站了一个钟头，要是再换过来，你还得站两个钟头……"直到现在，我身上还穿着她的运动裤。每次上体育课，看见她裤子上那条长长的伤疤，我就觉得对不住她。

这其实也是一个完整的故事。由于"我"的裤子被划了一道长长的口子，万芳仗义地跟我换了裤子，结果被她妈妈罚站，而最终也不愿换回来。故事情节简单，从文字来看，作者也是选择了两个场景详叙：

场景一：

我坐在树底下偷偷地抹眼泪，又心疼裤子，又怕回家挨说。万芳也不玩了，坐在我旁边一个劲地叹气。忽然，她跳起来拍着屁股说："咱俩先换过来，我妈是高级裁缝，她能把裤子上的大口子缝得一点儿都看不出来。"

场景二：

"为什么你不说裤子是我的？"

她嘿嘿地笑着："我妈是婆婆嘴，她要是知道，早晚也会让你妈知道。"

我要把裤子换过来。她却满不在乎地说："算了吧，反正我已经站了一个钟头，要是再换过来，你还得站两个钟头……"

当然，这个故事中的详述是相对于这个小故事的篇幅而言的。作者做出这样的选择，主要是这两个场景、两段对话最能表现出万芳对我的仗义，最能表现两个孩子之间的真挚友谊。而怎么划的口子、怎么换的裤子、万芳怎么受的罚等都是以概述的方式让读者"知道事情的特色和大概"。

从许多学生的叙事作品中，我们可以很清晰地感受到学生在写作过程中的一种焦虑——担心情节不连贯，不顺畅。也正是这样一种担心，导致学生在叙事过程中对于事件的起因、经过交代得非常细致，甚至掩盖了能够体现文章主题的关键情节。比如，我们在写作《一张旧照片》的时候，很多同学开头一定会不厌其烦地交代自己是怎么发现这张旧照片的：要么就是周末被妈妈逼着打扫卫生，从某个角落里发现的；要么就是在整理自己的旧书的时候，从书里滑落出来的，诸如此类。再如，学生想要表现受伤之后家人或朋友对自己的帮助和照顾，大部分都会花费大量笔墨在自己如何受伤的环节上。其实，作为散文，适当地交代起因并无不妥。但是，学生在交代事件起因上所花的笔墨往往比叙述关键情节所花的笔墨更多，这就容易导致详略不当。这种详略失当一方面是由于学生缺乏对承载关键情节的场景描写能力，该详述的不能详述；另一方面也正是学生担心情节不连贯，从而将事件起因、经过、结果事无巨细地罗列铺叙，该概述的不能概述，该省略的不能省略。

当我们选定了详述的场景之后，就面对着场景与场景之间如何关联、如何过渡的问题。很多人都有这样一种担忧：两个场景之间本应该有事实上的关联，如果作者不把这种关联揭示出来，读者能不能正确将顺两者之间的逻辑关系，会不会对读者把握整个情节脉络造成干扰。如果两个场景之间跨越较大，那么就有必要采用概述情节加以关联，让读者知晓两个场景之间在时间、空间及逻辑上的关系。比如在《羚羊木雕》一文中，连接家人逼我取回木雕和我到万芳家索要木雕两个场景的就有这么一句话："我手里攥着万芳送给我的小刀一路走一路想，叫我怎么说呢？她还会像以前一样和我要好吗？一定不会了。"以我的心理活动将前文家人给我的巨大压力与后文我面对朋友时的无限尴尬、不情愿贯通起来。又如在《走一步，再走一步》一文中，我被困悬崖与父亲找到我两个场景的过渡段："时间在慢慢地过去。影子在慢慢拉长，太阳已经没在西边低矮的树梢下，夜幕开始降临。周围一片寂静，我趴在岩石上，神情恍惚，害怕和疲劳已经让我麻木。我一动也不动，甚至无法思考怎样下去，安全地回家。"第一句是以景物描写表现时间的推移，第二句话是表现我长时间被困悬崖濒临崩溃的心理。前者为情节服务，后者是在情感上蓄势。

如果两个场景之间关联非常明确，读者在阅读时可以凭借自身的生活常识将两者关联起来，则另起段落即可，无须赘述其他。"文章中换场面的表示法有两种：一是分段另写；一是用一句话来点明。例：'武松在路上行了几日，来到阳谷县地面'；'王冕自此在秦家放牛'之类。""分段另写，一般无须刻意的过渡成分，用一句话来点明，其实就是采用过渡句或过渡段的办法来承接下一个场景。"①

以黄蓓佳的《心声》一文为例。课文按时间顺序写了一位与凡卡有着相似命运的小男孩李京京，要求在语文公开课上朗读课文《凡卡》，遭到老师的拒绝。李京京心里不服气，他不仅自己努力练习，还去纠正被安排朗读的同学的错误。最后公开课时别人怯场，给了李京京一个机会，他终于声情并茂地朗读了《凡卡》，借此宣泄了心中郁积的块垒。文章围绕这一事件选择了四个场景：一是李京京要求在公开课朗读课文，被老师以"嗓子沙哑"为理由拒绝；二是李京京在树林中练习朗读，想起自己和凡卡相似的遭遇，心里难过悲伤；三是李京京纠正同学朗读的错误，被同学嘲笑，他倍感委屈；四是李京京在公开课上终于得到了机会，声情并茂地朗读了小说。四个场景之间几乎都以"分段另写"的方式衔接，只是在每个场景开头交代清楚该场景所处的时间、空间，如："已经打过放学铃了。""回家的路上，路过一片小树林子。""第二天放学后，……""到了上公开课的那天，……"场景与场景的拼接已经将整个事件的脉络交代清楚，没有给读者以不连贯、不顺畅的感觉，反而显得干净利落。

综合来看，情节与情节之间的关联过渡应该简洁明了，不宜拖泥带水。

在教学实施过程中，我们试图给学生提供一个故事的大致框架，然后引导学生在故事原有框架上，进行扩写或改写，这就免去了他们塑造故事情节本身这一远超出他们能力范围的工作，纯粹地在故事结构内，通过合理的想象，对于一些重要环境进行场景化改造，以达到掌握故事性叙事的一般原理和基本技巧。我们教学的目的应该是教学生了解故事型叙事的写作原理，为以后开展情节型叙事创作打基础，做铺垫。学生

---

① 夏丏尊，叶圣陶．文话七十二讲［M］．北京：中华书局，2013.

适当了解，有个初步的印象即可。

案例：初次见面

我们随意编了一个小故事，事无巨细地将整个情节交代如下，形成一个流水账一般的故事概要：

暑假结束了。清晨，我洗漱完毕，吃过早餐，骑车上学。遇下坡，车辆失控，直接冲进路旁的灌木丛。一辆小汽车停在路边，一个青年下了车，拿起相机拍照。拍照之后，青年将压在我身上的单车搬开，又把我扶起来，叫我检查有没有受伤。确认我没有大碍之后，他转身上车，扬长而去。单车摔坏了，车链子掉了，我只能推着车一瘸一拐地到了学校。停好车，上了楼，乖乖坐在座位上，装出若无其事的样子，等着上新学年的第一课。铃声一响，没想到推门而入的竟是刚才的青年——新来的班主任老师。老师先自我介绍，又点名考勤，认识同学，然后就开始播放我骑车下坡的视频，后来还有几张我摔在灌木丛的照片，只是我的头像被一个叮当猫遮着。我羞得抬不起头来。老师经过我的座位，拍拍我的肩膀，并大声告诫全班同学：注意交通安全，对自己的生命负责。

按照上文提供的经验，经过对情节的删减挑拣，将摔跤、拍照、班会课作为三个主要场景做详细刻画，形成了这样一篇有情节的叙事文：

经过一个漫长的暑假，终于又到了开学的日子。清晨，我赶了个大早，趁着太阳还算温柔，骑着单车，一路向学校飞驰而去。

转过街角，经过一个长长的下坡，这是上学路上可称是最疯狂的一段。我放开车把，张开双臂，迎接着扑面而来的风，风驰电掣地向学校驶去，分外畅快。

突然，单车一歪，我双手还没来得及抓住车把，就惊叫着连人带车冲进了路旁的灌木丛里。单车压在我的身上，两个轮子还撒欢儿一样转个不停。身下是被压倒的树枝、杂草，连撑手的地方也没有，我努力地试着爬起来，但无济于事。路过的几个同学围了上来，有人捂着嘴笑，有人捂着肚子笑，有人拍着巴掌笑，仿佛是看了一场精彩无比的杂耍，而我正是那个演技精湛的小丑。

这时候，拨开人群挤进来一个穿着白色T恤、戴黑边眼镜的青年，他一边喊着："同学，没摔着吧？"一边掏出手机。我想终于有个好心人来帮我一把了，心里还一阵感动。于是，我伸出手，一边挥着，一边说着："没事，没事！"可没想到，他走到我身边竟然停了下来，举起手机"咔咔"一顿拍照。天啊，我当时愣住了，这是准备发朋友圈吗？还没等我反应过来，这个"黑边眼镜儿"已收好手机，一个箭步冲上来，两手把单车搬起，放到路边，又转过身来扶我。他一边给我拍拍衣服，一边问着："看看哪儿有没有受伤……下次骑车可小心点儿！"我自然不会领情，一边愤愤地说："没事，没事！"便推着单车，一瘸一拐地走了。他还在后面喊着："下次骑车小心点儿——"

太阳越来越高，我一路感慨人间冷暖，遇人不淑，怕是今天要红遍朋友圈了！

第一节课是班会课，铃声响过，一个身着白色T恤、戴着黑边眼镜的青年款款进了教室。原来是他——那个给我拍照的人——我的新班主任。我赶紧把头埋下来，世界上真有这么巧的事儿，真希望他别认出我呀。他清了清嗓子："大家好！我是大家的新班主任，叫方迅，今年刚毕业！"他在一番自我介绍以后，就开始点名。轮到我了，我缓缓站起来，心里像揣了个小兔子，怦怦直跳。很意外，他看起来就像根本没见过我似的。点了名，算是认识了大家，他又打开电脑："今天是第一节班会课，先给大家看个视频，这是我车上的行车记录仪拍到的，大家看看，非常潇洒的背影——"然后呢，图片上就是我手足无措的样子，幸好我夸张的表情被一个大大的叮当猫遮得严严实实。同学们顿时哄堂大笑。

老师赶紧止住了大家的笑声，严肃地说："同学们，生命安全大于天，幸好这个同学是摔在了灌木丛里，试想如果不是灌木丛，如果是……你们想想……"班主任简直口若悬河，滔滔不绝，我把头埋得越来越深，似乎感觉到同学们的眼光都在偷偷地瞟着我，嘴角还带着似笑非笑的嘲讽。他一边讲着，一边在座位间的空行里走着，终于经过了我的座位旁，若无其事地将手搭在我的肩膀上，又轻轻拍了拍。

我抬起头，老师仍然在若无其事地讲着，嘴角微微带着点儿笑意，自始至终没有认认真真看我一眼。我心情却似乎平静了很多。

五、写作技法教学点及读写结合样例

（一）如何将一个物件描写得具体细腻

【范例一】

书的模样，到现在还在眼前。可是从还在眼前的模样来说，却是一部刻印都十分粗拙的本子。纸张很黄；图像也很坏，甚至于几乎全用直线凑合，连动物的眼睛也都是长方形的。但那是我最为心爱的宝书，看起来，确是人面的兽；九头的蛇；一脚的牛；袋子似的帝江；没有头而"以乳为目，以脐为口"，还要"执干戚而舞"的刑天。

（选自鲁迅《阿长与〈山海经〉》）

【范例二】

那是一盏旧式的煤油灯。在童年的很多年中，家中一直亮着这样的一盏灯。灯是用墨水瓶做的，将用完的墨水瓶的铁盖上打一个小孔，再用铁皮卷一个两寸长的小铁管，从瓶盖上那个绿豆大的小孔穿过去，小铁管一定要比瓶盖上的孔要略大一点，要不然，就卡不住。瓶盖上留出指头厚的一截小铁管，然后将搓好的旧棉花用细铁丝推进去，瓶外露出绿豆大一点棉花就行了。再给瓶里倒上大半瓶煤油，一个小油灯就做好了。儿时的家中，经年用的都是这种灯，就算过年，也是一样。

（选自徐祯霞《油灯下的母亲》）

知识点一：虽然写作任务中有"珍贵"二字，但是在素材上往往需要避开物品本身的价值，这样才能制造落差，凸显出情感价值的珍贵。所以，选择破的、旧的、普通的、平凡的物品会让写作变得更容易。

知识点二：描写物品要细腻，应该抓住主要物品本身的内容，也就是多用名词，不能仅仅依靠形容词。比如，范例一中的"纸张""图像""眼睛""兽""蛇""牛""帝江""刑天"；范例二中的"煤油灯""墨水瓶""铁盖""铁皮""小铁管""小孔""旧棉花""煤油"。这些都是物品的部件，将这些部件的特点都直观地呈现出来，物品的形象特征就真切而具体起来了。如果不会表述，我们可以问问物品的主人，或者自己查阅一下工具书，也可以借助网络识图工具进行查询。

（二）如何把空间图景清晰而形象地呈现出来

【范例一】

出门向东，不上半里，走过一道石桥，便是我的先生的家了。从一扇黑油的竹门进去，第三间是书房。中间挂着一块匾道：三味书屋；匾下面是一幅画，画着一只很肥大的梅花鹿伏在古树下。没有孔子牌位，我们便对着那匾和鹿行礼。第一次算是拜孔子，第二次算是拜先生。

（选自鲁迅《从百草园到三味书屋》）

【范例二】

车不能停，猛地一停，车后边追我们的尘土就扑到车前，立即生出一堆蘑菇云。蘑菇云好容易散了，路边突然有着三间瓦房。前不着村，后不靠店的，怎么就有了三间瓦房，一垒六个旧轮胎放在那里，提示着这是为过往车辆补胎充气的。但没有人，屋门敞开，敞开的屋门是一洼黑的洞。一只白狗见了我们不理睬，往门洞里走，走进去也成了黑狗，黑得不见了。瓦房顶上好像扔着些绳子，那不是绳咯，是干枯了的葫芦蔓，檐角上还吊着一个葫芦。瓦房的左边有着一堆土，土堆上插了个木牌，上面写着一个字：男。路对面的土崖下，土块子垒起一截墙，二尺高的，上面放着一页瓦，瓦上也写了一个字：女。想了想，这是给补胎充气人提供的厕所么。

（选自贾平凹《定西笔记》）

知识点一：描写要有顺序，范例一是以游踪先后为顺序，范例二则是定点观察，先描写主体——三间瓦房，再描写两侧——男女厕所。有序的描写会让行文思路清晰，不混乱。

知识点二：安排顺序要依据自己观察的客观实情。范例一的描写顺序就是作者入学的经历。而范例二的描写顺序遵循由主到次的规律，这是我们观察事物的正常次序：先看整体和最显眼的部分，再看局部与相关联的部分。如，范例二中的描写顺序：三间瓦房→六个轮胎→门洞和白狗→房顶的葫芦蔓→左侧的男厕→路对面土崖下的女厕。

（三）如何区分画面的背景和焦点

【范例】

你看过这样美丽的景色吗？满布鲜花的阳台上，长长一个门板装出来的桌子，门上铺了淡橘色手绣出来滚（绲）着宽米色花边的桌布，桌上一瓶怒放的天堂鸟红花，天堂鸟的下面，一只只小白鹤似的饺子静静地安眠着。

这些饺子，有猪肉的，有牛肉的，有石斑鱼的，有明虾的，有水芹菜的，还有凉的甜红豆沙做的，光是馅便有不知多少种。

在形状上，它们有细长的，有微胖的，有纹花边的，有站的，有躺的。当然，我没有忘记在盘子的四周，放上一些青菜红萝卜来做点缀，红萝卜都刻成小朵玫瑰花。

当这些过去的上司们惊叹着拿着盘子绕长桌转圆圈的时候，我衣着清洁美丽地交臂靠在柱子上安然地微笑着。

（选自三毛《饺子大王》）

知识点一：景物的选择需要结合周围的环境，我们根据当时的心情，选择一两种景物作为主要描写对象即可。比如上述文段中，当时餐桌周围的景色肯定不少，作者仅选择了桌布、天堂鸟花和饺子来描写，其中饺子的描写最为详尽，既有主角，又有陪衬，画面层次分明，详略相得益彰，使画面视觉冲击力更强。

知识点二：在描写画面焦点时，我们可以调动各种感官，可以运用比喻、拟人等修辞，还可以运用带有感情色彩的修饰语来描写，从而使写景具有生命力，达到情景交融的效果。比如上面文段中，从视觉的角度，运用比喻和拟人的修辞，把饺子的美好情态展现在读者面前，让我们大饱眼福，赏心悦目。

（四）如何写好场景的背景和焦点

【范例一】

冬日的居室里，总会生了炉火，白日里，落了雪，一家人和和暖暖地或斜倚，或平躺在温热的土炕上，母亲选了废旧的布料，熬了糨糊，炕头置一炕桌，安安静静地做着鞋垫。父亲借了炉火，熬着罐罐茶，火苗间或抽出来，舔舐着茶罐，茶水滋滋地发着声响，茶香随着响声氤氲开来，整个屋舍内顿时茶香弥漫，即便是不常喝茶的人，浸淫在如此的茶香里，也会有几分迷醉，几分品咂的热望。而我，总是斜倚在墙角，捧了热爱的书籍，一页页，在缓慢流走的时光里，细品一份恬美与温馨。

（选自任随平《冰窗花》）

【范例二】

我一纵身跨过板凳就坐下。我的心稍微平静了一点儿，我才注意到，我们的老师今天穿上了他那件挺漂亮的绿色礼服，打着皱边的领结，戴着那顶绣边的小黑丝帽。这套衣帽，他只有督学来视察或者发奖的日子才穿戴。而且整个教室有一种不平常的严肃的气氛。最使我吃惊的是，后边几排一向空着的板凳上坐着好些镇上的人，他们也跟我们一样肃静。其中有郝叟老头儿，戴着他那顶三角帽，有从前的镇长，从前的邮递员，还有些旁的人，个个看来都很忧愁。郝叟还带着一本书边破了的初级读本，他把书翻开，摊在膝头上，书上横放着他那副大眼镜。

（选自都德《最后一课》）

知识点一： 一般来说，人物活动应该在一种比较统一的氛围当中，这样才能让场景有一个比较一致的基调，不至于太过混乱。比如，范例一中先交代环境，营造"和和暖暖"的气氛。而范例二中多次出现的"不平常""严肃""肃静"传达的感觉也是比较一致的。这就是背景。

知识点二： 场景人物及人物活动比较复杂，可先将人物进行分类，分组，各组人物活动都应该交代清楚，再找一组作为焦点进行详细刻画。比如，范例二课堂上的人物就可分为两个阵营：韩麦尔老师和坐在教室后面的其他人。其中韩麦尔先生是重点，刻画比较细致。而且在后面坐着的众多人物中，对郝叟老头的刻画又更具体细致一些。看来小阵营里还可以有次焦点。

一（五）如何将人物的动作写得流畅利落

【范例一】

拍雪人（将自己的全形印在雪上）和塑雪罗汉需要人们鉴赏，这是荒园，人迹罕至，所以不相宜，只好来捕鸟。薄薄的雪，是不行的；总须积雪盖了地面一两天，鸟雀们久已无处觅食的时候才好。扫开一块雪，露出地面，用一枝短棒支起一面大的竹筛来，下面撒些秕谷，棒上系一条长绳，人远远地牵着，看鸟雀下来啄食，走到竹筛底下的时候，将绳子一拉，便罩住了。

（选自鲁迅《从百草园到三味书屋》）

【范例二】

古斯达夫像一个野蛮人在跳一个战争舞，他张开嘴巴，眼睛炯炯发光，向前瞪着。草地上只有他一个，跳上跳下得像一个球，一忽儿用脚跟踏着跳，两条腿替换着踢飞脚，踢到头那么高，每一踢就发一声尖喊。接着他又腾空跳起，在空中转了一个大身，掉下来的时候，只停在一只脚跟上，随即像一个陀螺似的旋转起来。

（选自〔丹〕尼克索《征服者贝来》）

知识点一：慢镜头回放。我们在写作之前要在脑海中把整个动作进行毛镜头回放，根据动作变化进行分解，然后记录下关键词。有了这些关键词之后，我们就可以运用自己的语言组织能力将它们连贯起来，梳理通顺即可。

知识点二：描写顺序要因地制宜。对于有序的动作一般按照时间的先后顺序铺排即可，如范例一中雪地捕鸟就是一组有序动作，简单铺排能够让整个动作链清晰贯通。对于无序且复杂的动作一般以排比句式将不同的动作铺陈出来，既能够呈现动作的繁杂丰富，也能够很好地烘托出当时热闹的氛围感，如范例二，也可以参见冰心的《观舞记》。

（六）如何巧妙呈现出人物动作节奏

【范例一】

我看见他戴着黑布小帽，穿着黑布大马褂，深青布棉袍，蹒跚地走到铁道边，慢慢探身下去，尚不大难。可是他穿过铁道，要爬上那边月台，就不容易了。他用两手攀着上面，两脚再向上缩；他肥胖的身子向左微倾，显出努力的样子。这时我看见他的背影，我的泪很快地流下来了。我赶紧拭干了泪。怕他看见，也怕别人看见。我再向外看时，他已抱了朱红的橘子往回走了。过铁道时，他先将橘子散放在地上，自己慢慢爬下，再抱起橘子走。

（选自朱自清《背影》）

【范例二】

孙老者一屈腰已到了院中，把楼鸽都吓飞起去。拉开架子，他打了趟查拳：腿快，手飘洒，一个飞脚起去，小辫儿飘在空中，像从天上落下来一个风筝；快之中，每个架子都摆得稳、准、利落；来回六趟，把院子满都打到，走得圆，接得紧，身子在一处，而精神贯串到四面八方。抱拳收势，身儿缩紧，好似满院乱飞的燕子忽然归了巢。

（选自老舍《断魂枪》）

知识点一：有的动作表现比较紧张，快捷多变，那么，我们在写作的时候就应该在语言表达上避免拖沓冗余，或采取比较快的节奏，使人读来一气呵成，紧迫激烈，能够还原动作的既视感。例如范例二，一般以短句子居多，句式结构简单，甚至单词相选，较少用修饰词。

知识点二：有的动作表现比较舒缓，我们在写作时便应该相应地采取慢节奏的表达方式，文字增多，句式拉长，让读者能够充分感受到动作的优雅或艰难。例如范例一，明显长句子较多，句式结构更加严谨，对于动作的修饰成分也更为繁复。

（七）如何生动呈现出人物的神态

【范例一】

每逢他遇到新朋友，或是接见属员，他的大眼睛会像看见个奇怪的东西似的，极明极大极傻地瞪那么一会儿，腮上的肉往下坠；然后腮上的肉慢慢往上收缩，大眼睛里一层一层的增厚笑意，最后成为一个很妩媚的微笑。微笑过后，他才开口说话，舌头稍微团着些，使语声圆柔而稍带着点娇憨，显出天真可爱。这个，哪怕是个冰人儿，也会被他马上给感动过来。

（选自老舍《且说屋里》）

【范例二】

虎妞脸上的神情很复杂：眼中带出些渴望看到他的光儿；嘴可是张着点，露出点儿冷笑；鼻子纵起些纹缕，折叠着些不屑与急切；眉棱棱着，在一脸的怪粉上显出妖媚而霸道。看见祥子出来，她的嘴唇撇了几撇，脸上的各种神情一时找不到个适当的归束。

（选自老舍《骆驼祥子》）

【范例三】

一切发生得这样突然和意外，使拉赫曼感到自己就像是一片可怜的小纸，被暴风雨随便吹打和蹂躏。他的睫毛一上一下地跳动，好像眼睛里掉进了沙子；他张着嘴，黝黑的脸上慢慢地丧失了素有的玫瑰色，最后变成了肮脏的、土灰色的丑陋的苦相。

（选自〔巴基斯坦〕卡斯米《小偷》）

知识点一：在神态描写中，我们也可以采取由整体到局部的描写顺序，先把神态整体感呈现出来，让读者能够直观地把握人物当时的整体状态。但是，整体感很难用直接描写全面呈现，所以可以考虑利用修辞手法（比喻、拟人等）做整体刻画。比如，我们写一个人犯错被老师批评时的神态，"低头耷脑，像霜打的茄子一样"。这就是整体神态。再如，范例三中"拉赫曼感到自己就像是一片可怜的小纸，被暴风雨随便吹打和蹂躏"。

知识点二：整体神态总会以某些比较显著的具体表征表现出来，这种比较显著的具体表征应该通过直接描写加修辞手法进行强化突出，以夸张较为多见。例如范例一中对"腮上的肉"的描写，范例二中对虎妞"眼""嘴""鼻""眉"的描写，范例三中对"睫毛""嘴""脸色"的描写等。这些局部的细节能够将神态呈现得更加具体，更加细腻，更加突出。

（八）如何在叙事中穿插写景

【范例一】

不必说碧绿的菜畦，光滑的石井栏，高大的皂荚树，紫红的桑葚；也不必说鸣蝉在树叶里长吟，肥胖的黄蜂伏在菜花上，轻捷的叫天子（云雀）忽然从草间直窜向云霄里去了……

（选自鲁迅《从百草园到三味书屋》）

【范例二】

在那里，鲜嫩的芦花，一片展开的紫色的丝绒，正在迎风飘撒。

（选自孙犁《芦花荡》）

【范例三】

窗外，风中，老海棠树枯干的枝条敲打着屋檐，磨擦着窗棂。

（选自史铁生《老海棠树》）

知识点一：在叙事中穿插的景物描写应该简洁，繁复的辞藻修饰会干扰叙事节奏，甚至喧宾夺主。大部分穿插的景物描写是以白描手法简单勾画。名词（描写对象，诗文中叫意象）要尽可能具体，不宜采用类别概称。例如，"院子里的巴西铁又开花了""古老的细叶榕安详地卧在村口"等。

知识点二：景物描写往往承载着营造气氛的功能，所以在意象的选择上，要充分考虑语境氛围。在描写对象可以选择的前提下，如比较优雅的氛围，扶桑自然比鸡冠花、鸡蛋花之类要好；如果烟火气比较浓重，那么牵牛花自然比紫薇、紫荆要更适合。

知识点三：修饰成分要尊重体验感，这样描写才能更加真实，更贴近生活。例如范例一中每个名词的修饰词或介绍语都藏着童年生活的印迹，"光滑"修饰石井栏含着攀爬的体验感，何首乌只提及"臃肿的根"照应着拔何首乌藤的有趣经历。

（九）如何写好人物的语言

【范例一】

他站住了，脸上现出欢喜和凄凉的神情；动着嘴唇，却没有作声。他的态度终于恭敬起来了，分明的叫道：

"老爷！……"

我似乎打了一个寒噤；我就知道，我们之间已经隔了一层可悲的厚障壁了。我也说不出话。

他回过头去说，"水生，给老爷磕头。"便拖出躲在背后的孩子来，这正是一个廿年前的闰土，只是黄瘦些，颈子上没有银圈罢了。"这是第五个孩子，没有见过世面，躲躲闪闪……"

（选自鲁迅《故乡》）

【范例二】

我和母亲也都有些惘然，于是又提起闰土来。母亲说，那豆腐西施的杨二嫂，自从我家收拾行李以来，本是每日必到的，前天伊在灰堆里，掏出十多个碗碟来，议论之后，便定说是闰土埋着的，他可以在运灰的时候，一齐搬回家里去；杨二嫂发见了这件事，自己很以为功，便拿了那狗气杀（这是我们这里养鸡的器具，木盘上面有着栅栏，内盛食料，鸡可以伸进颈子去啄，狗却不能，只能看着气死），飞也似的跑了，亏伊装着这么高底的小脚，竟跑得这样快。

（选自鲁迅《故乡》）

知识点一：在写作中，对于人物语言有两种处理方式：一种就是直接引用人物话语，如范例一中引号中就是原原本本录用人物话语。这样的直接引用能更直观地表达人物情感或表现人物性格，是一种很好的塑造人物形象的方式——这也是我们选择直接引用的标准和依据。

知识点二：另一种就是间接转述人物语言，如范例二中"母亲说"后面的内容。这种间接转述能清晰呈现人物讲述的内容，它的作用更多地在于交代所说的内容，对说话者的情感、性格的关注比较少。例如范例二，作者转述这一段内容更多的是借助母亲这个亲历者的口，陈述杨二嫂的所作所为，表现杨二嫂的自私狭隘、爱占便宜的市井气。

（十）如何设计访问提纲

知识点一：要想做好一次访谈，首先要选择适当的时间和适合的场所，也要留心被访者的心情，当这些前置工作都做好了，访问才能按照自己的思路充分开展。

知识点二：切入的问题要具体且简单，如果切入的问题太大，所指太宽，受访者就不知道从何说起，如"您的初中生活有什么难忘的回忆"；如果切入的问题太复杂，受访者容易敷衍或拒绝，如"您觉得初中生活对您有怎样的改变"；如果切入的问题太抽象，受访者就难以进入真实情境，如"您觉得初中生活给你最宝贵的财富是什么"。正确的做法是具体的、简洁的、不经思考就能够回答的问题，如"您是在哪所学校读的初中""您的班主任叫什么名字"等，这样切入更容易将受访者带入情境，从而顺利打开话匣子。

知识点三：要提前设计好问题支架，思路清晰，指向明确。从简单问题切入，要通过一系列的提问，将话题引至深入，得到自己想要的素材。例如"您的初中班主任叫什么名字""他是教什么的""严不严肃""有没有批评过您""有没有惩罚过您""因为什么事""您当时什么反应""现在看来，您有没有觉得当时自己做得不对"等。

第四节　场景化写作下的习作展示

在场景化叙事倡导下，经过一段时间的教学和训练，学生习作的面貌和气质会出现明显变化。笔者从近几年学生习作中挑选了十余篇样板文附载在本书的结尾部分。这些文章虽然文笔稚嫩，但能够较为真实地体现场景化叙事的基本特点，也可以有效佐证场景化叙事及相应的教学对学生写作的实质性改变。但这种改变是否符合我们对学生写作的期待，是否符合学生写作能力提升的正确方向，还需要我们进一步探讨，并期待得到权威认可。

这些样板文大部分来自南雄支教期间（基本与本书写作过程同期），也有几篇往届的优秀习作。所有选登的习作都是经过"布置写作任务—观察体验—自主写作—评改、教学—修改成稿"的基本教学流程呈现出的终稿。在每篇文章的写作过程中，我经常听到一些有趣的故事，例如《食在赣乡》的作者桂同学，为了写好这篇关于家乡美食的文章，打电话给远在家乡的奶奶，聊了两个多小时。这让她的父母感慨不已。还有一个同学，在写《我的爷爷》的时候，才知道父亲原来是个过继儿，在描述温暖和睦的家庭日常中，感悟到血缘其实并不是维系亲情的唯一纽带，很有感染力，可惜习作没有被收集、保存下来。

在整理学生习作过程中，我们在尽量保持作品原貌的前提下，对个别语句不通、表述不规范的地方进行了修正，但是绝大部分文字都是原原本本誊抄，即便文章的篇章结构存在明显缺陷，也没有作过多修改。

听爸爸说他的陈年旧事

2021 级初一　叶同学

我的爸爸出生在 70 年代末南雄的一个小村庄。当时，家里很穷，他几乎是饿着肚子长大的。

他上头还有一个哥哥、两个姐姐。因为人口多，粮食少，家里常常有上顿没下顿，顿顿都是青菜叶子、咸菜干。偶尔家里来了贵客，桌上才会添个肉菜。几兄妹看得眼睛都冒绿光，奶奶一定先劝了客人吃，然后给几个孩子每人碗里夹一块，多了是没有的。

　　冬天的时候，爸爸仍然衣着单薄，经常赤着脚在雪地里跑，跑完之后，手脚冻得青紫青紫的，有时脚趾还会结上薄冰。家里没有水，他得到附近的小池塘里洗衣服，如果结了冰，就要找到一个工具，凿出一个口来。"不过，南雄这边已经很多年没有下过雪了，结冰也少见了！"爸爸仿佛还有点儿惋惜。

　　到了夏季，他每每放学就会直接奔回自家的田里，帮着爷爷奶奶干活儿，犁田、插秧、割禾、打稻子，样样农活他都是一把好手，村里邻居个个夸赞，爷爷奶奶也经常引以为傲。只一个夏天下来，爸爸整个人就被晒得像黑炭头一样。

　　那时候也有很多快乐的事情。爸爸说，偶尔他会跟爷爷拿着两根细竹竿去小池塘钓鱼。记得有一次，爸爸坐在池塘边沿，鱼竿突然一弯，他扯了几下没扯动。他并没有着急，反而高兴坏啦——这么重，肯定是条大鱼，肉多！他赶紧往岸上靠，双脚顶在塘边的石头上，使劲儿拽住竿儿。爷爷想要来帮忙，他不让，一定要自己来，要向爷爷证明自己的实力。结果脚下忽然一松——"哦豁！掉水里了！好在是掉在了池塘边不深的地方，要不然就不是我吃鱼，而是鱼吃我了！"说完，爸爸哈哈大笑起来，当年那狼狈的样子似乎发生在别人身上，他倒成了一个快乐的观众。不过自那以后，他不仅对钓鱼产生了心理阴影，还明白了有时候做不来的事情就不要逞能，"要试着寻求他人的帮助，不然到最后折了鱼竿又赔进去了自己！"爸爸意味深长地看着我。这话自然是说给我听的，爸爸从来都不忘见缝插针地教育我。

　　后来，他考上了离家很远的黄坑中学，爷爷就给他买了辆自行车。爸爸便每周骑着自行车上学放学。回家的路中间有一段很陡的坡，当时那里还没有修公路，很陡峭，路面高低不平，所以必须得推着上去，扛着下来。记忆最深刻的一次是他骑着自行车去江西运盐，从江西一直骑到南雄，骑回村子。"那时候觉得挺苦的，但是现在来看，也挺有意思！"爸爸笑着说，两眼望着窗外，仿佛又看到了那些艰苦却不失快乐的陈年旧事。

农家的孩子早当家，这就是我爸爸曾经的模样，那些日子虽然艰苦、辛劳，但依然美好。

听爷爷说爸爸的陈年旧事

2021 级初一　游同学

爷爷说："他很调皮！"

"是吗？"我难以置信地眨了眨眼睛。

"小时候，有一次，他去偷别人家的西瓜，路还挺远，他想把西瓜抱回家，但是西瓜很重，累得他脸红脖子粗，上气不接下气，蹲在家门口哭鼻子，我看了真的又好气又好笑！"爷爷说到这里，就好像又看到了爸爸当年那狼狈的样子，忍不住大笑起来。

爸爸小时候是在村子里长大的，夏天上山摘野果子，冬天摘蕨菜，几乎每天都不着家。爷爷叫他别乱走，山上有蛇，可他一点儿都不在乎，每次回来还炫耀："你看，我不是没事吗！"

村里有一条小河，那时候河水还很清澈，不像现在这么浑浊。天气一热，小河就成了爸爸的"家"，每天一放学他就泡在小河里，跟小伙伴抓鱼摸虾，玩得不亦乐乎。那时候，村里还没有自来水，每家每户都到河里洗衣服。奶奶每天傍晚就约上左邻右舍，端着衣服坐在河边的石头上，一边唠家常，一边洗衣服。河中间总会有一群小孩在玩水嬉戏，次次都有爸爸。他穿着长裤，卷起裤腿，与小伙伴们在水里追逐打闹。奶奶对此习以为常，没有太在意，继续洗她的衣服。可有一次不一样，也许是爸爸玩得忘乎所以了，转身就冲着奶奶的方向跑来，溅起的水花迷住了奶奶的眼，她还来不及躲避，就被爸爸直接撞倒，跌进小河里。但爸爸好像并不知情，连头也没回，跑得影儿都不见了。奶奶心理憋着火，回到家里，抄起扫把等在家门口，"瞧那架势，估计你爸爸要被吊在房梁上打了"。

"真的吗？打了没？"

"你说呢？后来看到你奶奶气急败坏地揪着你爸爸的衣领，把他拽到我的面前，你爸爸浑身湿透，像只落汤鸡，我笑还来不及呢，就虎着脸警告他几句……但是你奶奶明显不满意，扬起扫把狠狠抽了几下。"说到这里，爷爷又止不住地笑了。

说起这些陈年旧事，爷爷总是眉飞色舞，好像在细数自己当年的英雄事迹一样。但要是被我那一本正经地教育我们要听话、要好好读书的爸爸听见了，估计他要羞红脸，不好意思了。

老屋的回忆
2018年初二　谭同学

顺着回忆，我把思绪与念想放进了妈妈家乡那老屋子里，任它悄悄地弥散开来……

这是一个藏在宅院里的老屋子，与其他三户人家共享一个院子，其中有两户人家早已搬走，留下满屋子的家具与灰尘。留下的两户，一户住着几个整天抽烟喝酒的哥哥，另一户就是我外公。逢年过节，我们都要回到这里"度度假"。

老屋是双层结构，第一层是用红泥建造的，第二层用木头建造而成。红泥经历过时间的洗礼，已经有些灰暗，但万幸的是这无奈的陈旧还坚守着一颗坚固的信心。

进入小屋，闻到的是木头潮湿的霉味。走过两个隔间，来到客厅，映入眼帘的是一张被茶杯磨光的桌子，很矮，就像一个圆滑世故的老人，弯着腰，显得与四周的红木椅子十分不协调，使人喝茶时不得不喝弯了腰，弄得客人十分不适。这时，外公外婆也只能尴尬地笑笑。

客厅的一角，摆放着一张陈旧的大床和一个大柜子，柜子里面装满衣服、首饰和很多回忆，如一张妈妈小学时的相片、一块旧手表、一本《红布剪法》、一个装满茶叶的糖果罐以及数不清的时光的痕迹。

每当回到这里，我们总会围在这桌子旁，弯着腰，喝着茶，翻开柜子，找出几件东西，一件一件地讲它们背后的故事。每个人的脸上都写着快乐，幸福得像归来的小鸟。一阵又一阵的笑声与茶香，随着凉风飘荡出老屋子，飘进夜色里，散入这可爱的小村子。

顺着收起的回忆，我把许多的快乐与幸福从老屋子取出来，就像在阵阵果香的秋天里收获……

欢乐除夕夜

2021 级初一　徐同学

今天就是大年夜了。鞭炮声一阵高过一阵，《恭喜发财》那欢快的音乐又响彻大街小巷，卖对联的老大爷已经收摊儿了，大大小小的灯笼、五颜六色的彩灯迫不及待地亮起来了。今天就是大年夜了。

腊月二十四搞完大扫除，妈妈忙着办年货，爸爸忙着整理院子。今天下午贴好对联，挂上灯笼，大家洗洗刷刷，终于一切就绪。晚上六点，大家整整齐齐围坐在客厅里的大圆桌旁，桌下放着烤火炉，暖烘烘的。爷爷、奶奶、爸爸、妈妈、叔叔、婶婶、姐姐，还有被抱在怀里的小堂弟，大家说着笑着，脸上都洋溢着过年的喜气。

桌上摆着满满一大桌美味：酸笋鸭、酿豆、大盆扣肉、年年有"鱼"、油焖大虾、冬笋腊味……数一数，整整十个菜，有荤有素，一看就知道妈妈这是寓意着十全十美、圆圆满满。最美味的菜肴要属妈妈的拿手好菜——酸笋鸭了。自家腌制的酸笋，酸爽可口，外婆家养的土鸭，肉质紧实，经过妈妈巧手搭配，文火慢炖，鸭肉软绵弹牙，酸酸辣辣，好吃得根本停不下来！

爷爷缓缓端起酒杯，说道："来，过年了，祝大家在新的一年里顺顺利利，全家和和气气，健健康康！"大家也都举起杯，一起干杯。妈妈忙了一天，终于坐了下来，又忙着劝大家吃菜，还时不时给我和弟弟夹菜。弟弟一直不爱吃青菜，瞧，在妈妈的努力下，他碗里堆满了绿油油的青菜，急得他直翻白眼："够了够了！"爸爸、叔叔忙着给爷爷、奶奶敬酒，一会儿"身体健康！"一会儿"福如东海！"爷爷奶奶乐得合不拢嘴。婶婶一边给奶奶夹菜，一边夸赞着妈妈的手艺："嫂子这道酸笋鸭做得真的很正宗，好久都没吃过这么好吃的啦！还有这个扣肉，肥而不腻，很入味啊。嫂子你是怎么做的啊，有空教教我……"只有婶婶怀里的小堂弟一声不吭，瞪着大眼睛，盯着满桌子的美味佳肴，吮着胖乎乎的小手指，口水都流出来了。

不一会儿，我们都吃饱了，春晚已经开始了，我们围到电视机前，吃着水果，嗑着瓜子，烤着火。只有爷爷、爸爸和叔叔他们还在喝着小酒，聊着家长里短，时不时爆发出爽朗的笑声。

尴尬的晚餐

2017 级初一 邓同学

2017 年 4 月 14 日晚上，我们班要开家长会。

6 点了，开饭。那天的饭非常丰富，里面有小米、红米等各种各样的谷物，而菜却比较单调，就只是绿油油的通菜。

妈妈把手机放在左手旁，右手拿着一把勺子。爸爸脸上有点儿焦急，吃几口饭，就抬头看一眼挂在客厅的那个时钟，之后又快速地低下头扒几口饭，一会儿又点开手机看看几点。我心想，那么心急干什么呢？不由得露出点儿鄙夷的神色，对爸爸说："你不用那么急，还有一个小时呢，慢慢吃。"爸爸边嚼着嘴里的饭，边含糊不清地说："怎么可以慢点呢？会迟到的！迟到了怎么办……"差点儿就把嘴里的饭粒喷了出来。我无言以对。

我转头看了看妈妈，妈妈一面悠悠然，耳朵里塞着耳机，耳机把我和爸爸的对话隔绝世外。妈妈那么悠闲自得，就像一个人坐在环境优雅的咖啡厅里，品着下午茶。爸爸却依旧在快速地扒饭、夹菜。我的眼中仿佛有一道屏障：妈妈那边很慢，很悠闲；而爸爸那边很急，很焦虑。他皱着眉头，时不时放下筷子，摁下手机，眼睛时不时从饭移到菜，再移到手机上。嘴巴一刻也不放松，吧唧吧唧地吃着。

6点40分，爸爸吃完饭，小跑到厨房打汤。汤在端回来时险些溅出来，爸爸一坐下就急急忙忙地喝了一口，烫得他发出"嘶嘶"的声音。好不容易喝完了，他又急着去换衣服，而妈妈依然慢悠悠地吃着。

唉，这尴尬的晚餐时光……

牵 手

2018 级初二　方同学

我的外婆一生几乎都在带孩子，她将自己的六个孩子带大后，又开始帮下一代带孩子。我也是外婆带大的，待在外婆家的日子里，我每天都很快乐！

记得离外婆家不远处，有一个果园，里面种着许多龙眼树，它们被照料得很好。每当到了夏天，龙眼成熟，外婆都会牵着我的手去果园里摘龙眼。那里地面凹凸不平，杂草丛生，外婆生怕我摔跤，一进果园就牢牢拽住我的手。可是，好动的我哪会乖乖地被牵着，总会想尽办法挣脱外婆的手，倔强地说："我不要你牵！"于是，我甩甩辫子，独自跑了。外婆便紧紧跟在后面，喘着粗气，不停地喊着："你慢一点儿！慢一点儿！"

那时，在我看来，龙眼树很高。摘龙眼需要一种专门的工具，手柄是一根长棍子，上面配了把锋利的剪子。只需要把杆往树上一伸，瞄准，一握手柄，"咔嚓"一声，龙眼就掉下来了。外婆的身姿十分矫健，功夫了得，半天下来收得满满几筐。自己家种的龙眼自然胜过市面上的那些，剥开皮，果肉晶莹剔透，饱满多汁，看看都让人口水直流，更何况是尝上一口。

那时候，最幸福的事就是摘龙眼、吃龙眼了。

后来，我被爸妈接到了城市，上小学，上初中，回老家的日子越来越少了。

去年暑假，我们把外婆接到城市。由于常年劳累，外婆的腿脚不太好，早已不复当年的矫健，走路颤颤巍巍的，让人心里为她捏了把汗。我家住在六楼，没有电梯，上上下下对她来讲是一个大挑战，她每走一级阶梯都要分两步，只有两脚都站稳了，才敢小心翼翼地迈出一只脚慢慢往下探，动作也不能做到连贯，就像刚学会走楼梯的小朋友一样。在上楼梯的过程中，外婆的手始终没离开过扶手。

我伸出手对外婆说："我来牵你吧。""我不要你牵。"外婆倔强的回答让我想起了小时候那个只到外婆腰间的小孩子，而现在我已经比外婆高了。以前，高高的外婆可以当我的一棵大树，让我依靠；现在，我也可以成为年迈的外婆的大树，为她撑起一片绿荫。我紧紧抓住她的手，瘦骨嶙峋，却别有几分温暖。

哇，好香

2017 级初二　黄同学

放学回家，还没进家门，老远就闻到了那醉人的浓香，沁人心脾。我加快了脚步，用力敲门，还在厨房忙碌的爸爸手忙脚乱地过来开门。

"三鲜豆皮，爸爸？"我好奇地问。

"是的。"爸爸说着又一头扎进了厨房。

我在书桌前写作业时，一股更为浓烈的芳香飘来，"哇，好香！"我喊道，放下笔冲去了房门。

"豆皮来啰！"

红木材质的桌子被灯光照得格外光彩漂亮，桌上带着花纹的瓷碟子也显得十分高雅，但这都不比不上那盘三鲜豆皮呀！虎纹的表皮金灿灿，轻轻按压可以十分清楚地听到清脆的响声；中间洁白的糯米饭粒粒可数，米粒个个像圆滚滚的小白胖子，热气在空中晶莹剔透，下层是重头戏，爽脆的竹笋配上肥美的豆干，再加上卤香味浓郁的肉丁，在火的作用下完美融合。我迫不及待地咬了一口，却不得不吐了出来："啊，好烫！"

爸爸在一旁笑得很开心地说："慢点儿吃嘛！"

我拿起筷子夹起一块豆皮，仔细吹了吹，确定不烫才敢下嘴。"哇，好香！"我一连吃了好几块，"这就是家乡的味儿"。在不经意间，我想起了家乡。

在家乡，每天早晨我都要和爸爸或者妈妈去吃早饭，我们那里叫"过早"。在我们家的对面隔着一条马路有一家百年老店——蔡林记，老店的门口有一口大锅，老师傅们就在那里现场制作豆皮，店门口总是排着长队，那可是我记忆中家乡的标志。那时我小，爸爸或妈妈总要牵着我的手穿过这条马路，还未走近便能闻见那弥漫在空气中的香味，每每此时我都要挣脱他们的手，喊一句："哇，好香！"然后急急忙忙地往店里冲。每次去，我总能吃个精光，直到小肚子浑圆才肯罢休。

如今，两年未归了，也两年没有吃到家乡的味道了，我的眼眶不禁红了。爸爸问我怎么了，我强忍着眼泪摇摇头说："没事，好吃到流泪。"饭桌上笑得一塌糊涂。

不知何时才能再回到家乡，尝到家乡的味道，再喊一声"哇，好香！"

深夜，我在梦境中，仿佛闻到了家乡的味道。"哇，好香！"

食在赣江

2020级初二　桂同学

带着绵薄而微冷的雾气，我睡眼惺忪地从乌篷船里出来，回望如玉雕琢的青峦，回看被风轻拂的绿水，见前头炊烟袅袅升起，街市方显生机，赣乡人的一天也拉开了帷幕。

街道旁店肆林立，早起奋斗的人们使街市熙熙攘攘。"老板，一碗拌粉，一瓦罐汤！"这句普通平淡的话语在南昌的大街小巷里时常响起。这不，我也喊了份儿，透过缥缈的蒸汽，店主与食客的笑容洋溢在脸上，热情流露在话里。赣乡人美好的一天从冒着白气的朝食开始。色泽鲜艳的拌粉上淌着红油，再浇上地道的辣椒酱，嗦一口，那叫个松散柔韧，百滋百味。先是香油的浓、干辣椒的辣，紧接着麻油的麻、葱姜蒜末的香在口腔中炸开，你细细地尝，还有米粉的回甘。

要说地道的南昌早食，也就差口汤了。凡味之本，水最为始，五味三材，九沸九变，则成至味。不过是碗普通的瓦罐汤，但因几千年的历史记载和沉淀，使其独具特色。红棕色的瓦罐里沉着排骨、玉米，汤水清亮，弥漫出丝丝甘甜，捧着喝一口，直暖入心底，一下驱散了冷雾。

早餐吃完了，跑到赣江大桥上走走，瞧瞧赣江穿城而过，三河十湖点缀其中，赏赏四面碧树三面水，一城香樟半城湖，回到舴艋舟，沿着赣江，顺势游修水。

途经庐山，远远便飘来云雾茶韵，我耐不住心里的痒，只得又找个茶楼解解馋。这庐山云雾茶可谓是"贡茶"。看，青翠多毫，叶嫩匀齐；嗅，香凛持久；抿，醇厚味甘。人有人俗，物有物俗，这喝茶也有茶俗，怎能不配茶饼呢？诗人苏东坡就曾赋诗赞誉："小饼如嚼月，中有酥与饴。"九江茶饼皮薄如纸，小而精，薄而脆，酥而甜，香而美，入口鲜爽。茶油的清香，丹桂的芳香及纯碱、苏打特有的香紧密融合，四香合一，与茶味一并，增色添香。

紧接着，登上庐山，看看那瀑布是否如太白吟咏的那般壮阔，领悟这座山的真面目，顺便吃顿午饭。

一杯烹猪油、一杯甜米酒、一杯鲜酱油，便是三杯味。而三杯鸡，选用万载三黄仔鸡，剁块后直接盛入砂钵内，用炭火炉焖制，使鸡肉中的蛋白质和脂肪充分溶解于汤汁之中。浇上三杯味，除去腥味，突出鲜味，增加滋味。成品色泽红亮，鸡肉香鲜骨酥，汁稠味浓，原汁原味，风味独特。

吃饱喝足，睡一觉，终于到修水了——今日游的目的地，"吴楚形胜，文章奥府"之地，开门见绿、满眼入画之乡。作为历史古县，修水物华天宝，人杰天灵，美食自是少不了。

要说修水美食，那不得不提哨子。谈起"修水哨子"的来历，还有着一段极为美好的传说。相传夏禹时代，修水山洪暴发，村庄被毁，作物颗粒无收。后大禹来到，治理了水患。当地群众十分感谢，于是大家就上山挖野山芋，打野兽。野山芋煮熟做皮子，野兽肉切碎做馅子，包成上尖下圆的哨子，上奉大禹。从此，哨子也就流传了下来，与艾米果一块成了红白喜事的餐桌必需品。

"坐下当，戏下当，恰碗茶当。"一位老婆婆叫住我。先不说啦，吃杯菊花茶。这茶可跟外头的不一样，它不是用干菊花泡的，而是盐腌的菊花。一杯茶端上来，麻子盖面，菊花跑边，上不见水，下不见底，一吹三个浪，一刷三条杠。这可不是喝的，是吃的，吃芝麻、菊花、橘皮、黄豆……

回到奶奶家，嘿，正好！艾米果带着热气出炉，张扬着热情唤我去品尝。它看起来表皮光滑，色泽翠绿；闻起来清香扑鼻，艾香浓浓；尝起来甘中带苦，质柔又韧，食而不腻，风味独特。

看着眼前一张张热情的脸，带着劳动人民不泯的热情，我方才明白，若要记住乡愁，不仅要望得见山，看得见水，食得乡味，更要守得住脸上的红、眼尾的笑，留得住根。

看，这就是我的表弟
2014级初三　刘同学

我给大家介绍一个可爱的小男孩，他就是我的弟弟，我舅舅的孩子。

他有着一副清秀的面孔，大大的眼睛、小小的鼻子和一个很会说好话的嘴巴。他笑起来的时候嘴角向上翘着，露出两排整齐的小白牙，真的很像一弯皎洁的月。

我表弟还非常可爱，很讨人喜欢。我去他家做客的时候，一进门，他就会叫一声："哥哥！"那声音如同天籁一般，再加上一个大大的升调，让人一听就禁不住要搂他过来，亲两口。之后，他可便赖上你了，寸步不离地跟在你身后，时不时还会说："哥哥，你在干什么啊？""哥哥，饿不饿？""哥哥，我带你去看我们家的小猫咪好不好？"……那时候的他简直就是一个喋喋不休的小话痨。一旦坐下来，这个小家伙就开始卖萌扮酷，嘟着小嘴巴，抱着小膀子，时不时还要耍一套"武林绝学"，为此，我给他起了一个外号——"小萌神"。

如果到了小区的儿童游乐园，他可就再也没工夫理我了。一群小朋友，不管认不认识，不到片刻，就开始你追我赶，还总是带着"警察与小偷"的故事情节和自定的规矩。他们笑啊，闹啊，玩得不亦乐乎。一会儿的工夫，他就满脸通红，气喘吁吁，连头发尖上都滴着汗珠，还不忘炫耀自己多么多么厉害，又抓到了多少人，我也只能假装惊讶——

"哇，'小萌神'真厉害！"

但是，他实在是太爱哭了。被批评了，哭；玩具找不到了，哭；衣服弄脏了，哭；画画时彩笔没墨了，还是哭。他哭的时候，浑身憋足了劲儿，头一仰，嘴一张，两眼使劲儿一闭，眼泪就哗啦啦地流出来了，好像那眼泪是拼命挤出来的一样。哭声简直震耳欲聋，比海豚音还高得多呢！逼得你不得不想方设法去安慰他，讨好他。不过，我还是挺喜欢他的。

看，这就是我可爱、聪明而又爱哭的表弟。

我的爷爷

2021 级初一　张同学

我的爷爷是一个普普通通的农村人，他叫张发础，不高，很瘦，来自广东省南雄市古市镇丰源学堂村。他长相普通，黑黝黝的脸，满头的白发，看上去极不相称。但他精神状态很好，人们都说他走路带风，虽然已经七十多了，但劲头完全不输年轻人。

爷爷的性格很犟，甚至有点儿"死板"。听爸爸说他以前因为教他们兄妹几个怎么握筷子经常跟奶奶吵架，奶奶用三根手指头，爷爷用四根手指头，两个人都认为自己是对的，互不相让，甚至争得面红耳赤，反而弄得爸爸几兄妹不知所从。

爷爷很擅长敲锣打鼓，据说在老家十里八乡很有些名气。每次村里搞活动，或者人家办红白喜事，都会邀请爷爷去打大鼓。连村委会的人都夸爷爷有音乐细胞，节奏准，鼓点密，花样多，锣鼓声一起，虎虎生威。

爷爷有四个子女，我爸是最小的。孙子辈有六个孩子，我排行第五。每逢过年过节，大家都会聚在一起，吃吃喝喝，说说笑笑，好不热闹，那时候的爷爷是最开心的。平日里，爷爷住在大伯家。我每次回家都会经过那里，爷爷就好像感应到了一样，经常准时出来，叫我进去坐坐，或者给我一点儿东西吃。有时候，我们睡得比较早，他来我家的时候，我们已经关灯。他会轻轻地开门，往房里瞧上一眼，然后再轻轻地把门带上。我总会感觉到爷爷脸上一定是带着失望的神色，心里酸酸的。

有一次，我在抽屉里找到了爷爷的一个小本子，深红色胶皮封面硬邦邦的，沾满了污渍，皱皱巴巴。里面的纸张暗黄，上面写了很多人的电话号码，字迹歪歪扭扭，很多笔画已经模糊不清。想来应该是爷爷年轻时候的记事本，但里面除了联系电话，很少其他内容。或许是他一辈子都平平淡淡，实在也没有什么值得记述的内容。

总之，时间已经悄悄溜走，爷爷已是满头白发，很多故事都在慢慢褪色，终有一天会变得一片空白。不知道爷爷自己会不会觉得遗憾。

说说方女士这个人

2021 级初一　石同学

方女士，我的母亲，外婆的女儿。

方女士来自广西。她个头不算高，面容清秀，皮肤白皙，大部分功劳来自她化妆台前那些瓶瓶罐罐的护肤品。她的拿手好戏是做饭，我总是会被她的厨艺惊艳到。这个女人有点儿倔，能把她"降伏"的或许只有毛毛虫。

早晨六点半，我总能在床头看到一杯温水，家里也被打扫得干干净净，一尘不染，餐桌上摆好了早餐，衣服也整整齐齐地晾晒在阳台上……我知道，这不是田螺姑娘的功劳，这些都是方女士做的。

方女士有说不完的话，天冷时嘱咐我添衣服，我生病时嘱咐我吃药，睡觉时嘱咐我盖好被子……当我吃过早餐背上书包去学校时，方女士又开始唠叨了："你的书本带齐没？""昨天的试卷带了吗？""要多穿点儿衣服，天凉了！""记得带伞啊！"……我不耐烦而又敷衍地回答道："嗯，嗯，哦……"她似乎也听出了我的不耐烦，也就不说了。

春节过后，我们一家便要去外婆家拜年，我忽然发现，方女士也并没有想象中的那么坚强，那么勤快……

早晨七点半，我的床头没有温水，家务也没有做，衣服也没有出现在晾衣竿上。当我打开妈妈房门时，我只看到一个女人还在呼呼大睡着。我感到很疑惑，这还是我认识的那位方女士吗？那个早起做家务的方女士呢？

妈妈穿着蓝色睡衣，她今天没有打扮自己，格外地随意。她靠在外婆身上，嗲嗲地说：“妈，我想吃你包的饺子了。”这声音是那么柔弱，跟唠叨我时那般咄咄逼人完全不一样。外婆宠溺地点点头。

这时我才明白，方女士不只是我的妈妈，她也是别人的孩子，她也曾经是十几岁的小姑娘。正因为有了我们，她才迫不得已地成了我们的“超人”。

一棵树的随想

2018 级初二　杨同学

今天，我在校园里散步，无意间看到了一棵样貌奇特的树。与其说它是一棵树，倒不如说它只是一截大树桩。

它的整个树冠被残忍地截去，只留下一截粗壮的树干，又粗又直，光秃秃地立在校道旁的一个小土堆上。树干四周，还有几条木棒支撑着，好像生怕树干倒了。截面已经发黑，似乎还长了一点儿墨绿的苔藓，但是就在截面的边沿，还有几撮嫩枝，上面缀满椭圆的小树叶，密密匝匝的，绿意盎然，像一个缩小版的树冠，往旁边歪去了。很明显，那是一棵从别处移来的树，并不是这里土生土长的。

也许这棵树本生长在深山里，那里土地肥沃，气候宜人，那里有它连着根、攀着枝的父母兄弟。但是某一天清晨，它被残忍地截断了一切与“亲人”的“联系”，移栽到了这里。人们残忍地截去了它原本茂盛的枝叶，只留下了这光秃秃的树干和残缺的根。也许几个月甚至几年之后，它终将适应这喧嚣的校园，长出枝叶，如以前一样繁茂，甚至更加苍翠葱郁；也许就此枯死……

一棵树从一个地方到了另一个地方，总会失去树冠上茂盛的绿叶，就像眼前的这截"树桩"。但是，叶子到底还是从树干两边长出来了。当我们翻开绿叶，仍然会看到树干的残缺，看到那永久的伤痕。不过，正因为这可怕的伤痕，才会让这个看似脆弱的生命更加旺盛，更加顽强！

我真心希望那棵树可以茂盛生长，让绿色的枝叶遮住那可怕的伤痕！

冬日暖阳

2019 级初三　叶同学

清晨，叽叽喳喳的麻雀叫醒了整个校园，开得热烈的紫荆花也抵不住突然袭来的寒潮，收敛了往日的张扬，在冷风中瑟瑟发抖。我瑟缩着走在校道上，口中呼出的白气让这个岭南小镇也有了几分冬天的味道。树叶间漏下几缕暖黄的阳光，灿烂夺目，我仰起头，阳光洒在脸上，暖暖的。

仿佛也是这么一个早晨，在湖南的一个小村庄里，我穿得像个小棉球，在奶奶一遍又一遍的呼唤声中睡眼蒙眬地走到院子里，瞬间就被灿烂的阳光晃得睁不开眼，歪歪斜斜地坐到竹椅上，任由着太阳将我包裹。奶奶端来一盆热气腾腾的水，紧接着我就感觉到一条暖暖的湿毛巾轻轻地敷到我的脸上，腾腾的热气直钻进我的鼻孔。我挣扎地直起身，奶奶絮絮叨叨地说着："来，洗个脸就清醒了……小丫头片子，这懒相跟你爸简直一个样儿……"奶奶一手捧着我的后脑勺，一手扶着毛巾，在我脸上打着圈儿，力度越来越大，仿佛我的脸就是她手里铁锅，不用点儿力气就刷不干净一样。我用力地晃着脑袋，企图甩开奶奶的那双大手，一边趁着嘴巴空出来的间隙，抱怨着："好了……好了……脸都擦掉皮了……"奶奶笑了，手终于放了下来，一边到盆里搓洗着毛巾，一边喃喃地说，"你这脸皮啊，厚实得很，哪那么容易掉皮……"不知道是阳光晒暖了身子，还是奶奶的打趣逗乐了我，我的睡意竟然一下消失了。我站起身，看着奶奶端着脸盆慢慢地起身，慢慢地朝着卫生间走去。冬日里明媚的阳光好像为奶奶的背影镶上了一道金边，熠熠生辉。

那暖心的味道，就像这缕从树叶间漏下来的阳光一样。

后来，我来到了父母身边，来到了一个我从来没有见过的地方，这里没有满是楠竹的小山，没有蜿蜒崎岖的泥路，没有大块儿小块儿拼成的稻田。那天放学，天下着雨，路上挤满了过来接孩子的车辆，烦躁不安的喇叭声此起彼伏。套着雨衣的摩托车、小电驴、自行车见缝插针地在车辆中间穿来穿去。我背上书包，沿着街边小店屋檐下向家的方向走着。雨越下越大，街边的屋檐也无能为力了，但我除了继续向前走没有半点儿办法，爸妈上着班，自己没带伞。这该死的天气，我顿时觉得委屈，眼泪就吧嗒吧嗒流下来。这时候，一个声音从小卖部里喊了出来："小朋友，进来躲躲雨再走啊！"我停住脚，扭头看见店里一个系着大红围裙、身材微胖的阿姨正向我招手。"进来吧，雨大着呢！"我终于鼓足了勇气，努力挪着脚步，站到店门口，又往里挪了几步，直到雨完全淋不到我。阿姨随手在柜台上扯了一把纸巾，走到我跟前："爸妈都没空吧……等雨小一点儿再走！"说着便拿起纸巾给我擦着脸上的眼泪和雨水，又把我的头发拢了拢，轻轻地用纸巾将发梢的雨水吸干。我的眼泪流得更厉害了。

无论多么寒冷，只要有爱，就有温暖！就像妈妈深夜里蹑手蹑脚走过我的房间，就像失败后老师轻轻拍拍我的肩膀，就像烦恼时小伙伴一本正经说的那些幼稚的笑话，都如冬天里的那缕阳光，将我的世界照得暖暖的，闭上眼，春天就已经扑面而来。

石排骑行攻略

2020 级　王同学

4 月 26 日，微风不燥，春光正好。早上八点，穿上运动鞋，戴上遮阳帽，背上运动包，踩上崭新的山地车，我们的骑行开始了，由沙角出发！

沿着东园大道一路向西，十几分钟骑行，我们来到第一站下沙"红色印象"主题公园。爸爸说，这里是广东人民抗日游击队东江纵队宿营地旧址，巷道两边红墙上栩栩如生的墙绘，仿佛在述说着当年革命志士浴血奋战的英勇故事。正是有了他们的牺牲，才有了我们今天的美好生活。我们走进展览馆，一张张照片、一件件文物、一个个故事，让我深深感受到先辈们的艰辛和伟大。

出了"红色印象"主题公园，我们继续西行。转生态园大道，往南百余米，就到了生态园驿站。我们没在这里停留，骑上了园内的绿道（其实是红道，由红色柏油铺就）。道路很宽，也很平坦，在一片葱葱郁郁的树林中穿行，道旁偶尔有大片平整的草地，不远处就是河流湖泊，水面波光粼粼，非常漂亮。同行的人忽然多了起来，有跑步的，有骑行的，有快步走的，还有三三两两悠闲自在地散步的，人们的生活真幸福啊。

再往前骑行五公里左右，我们就到了燕窝湿地，再往前就进入茶山界了。于是，我们右转向北，路口按照指引，来到了海仔湖。这里两湖相连，一个叫海仔湖，另一个叫潇滠湖，中间隔着两三百米，草地上栽着上百株木兰，有几株还开着花，有淡紫色的，有米白色的，荷花一样，没那么多花瓣，但每一瓣都更大，更加舒展。

两湖的西面有一座山叫红石山，山上除了裸露的红石岩就是大桉树。沿海仔湖一侧还有很多坟墓，经过的时候不知道是大树遮住了阳光，还是行人过于稀少，感觉有点儿阴森，我们赶紧加快速度。

游完两个小湖，往北上了石排大道，再往石龙方向骑行，不多远就来到了红石公园。这里伫立着几块造型奇特的红石。我们停好自行车，在公园的石板路上散步。爸爸告诉我，这里以前是燕岭山脉的中段，山体是红石，好看又坚固，于是便开采出来作为建筑材料。从山体上切下来的石材一排一排用木筏通过东江水路运到外地，于是我们镇就被叫作石排镇了。我们现在看到的一排排伫立的红石以及一个个方形的水塘其实是当年采石场留下的遗迹。红石公园的东北角用红石建了许多两米多高的挡墙，纵横交错，形成了一条迂回曲折的回廊，迷宫一样，上面有许多图画和文字解说，很好地介绍了石排的风土人情。这一天，真是长知识了！

出公园往北，骑车上了东江大堤。再往西骑上一段就到了一个小渡口。河中有一个小岛，形似鲤鱼，那就是今天的目的地——鲤鱼洲。那里有很多农家乐，又可以美美地吃上一顿地地道道的农家菜了。

以上展示篇目，大部分是我在南雄市支教期间所教学生的习作。南雄市实验中学虽然属于城区学校，但有部分学生来自乡镇。城区学生走读，乡镇学生住校，于是就有了内宿班、外宿班的区别。支教那年，我带的是内宿班，这部分学生大多是留守儿童，学业基础比较薄弱，写作能力普遍不佳，但是在各类贴近他们实际生活的写作任务驱动下，在充分观察、体验的基础上，他们写出来的作品经常会让我眼前一亮，欣喜万分。如果按照传统的作文评价标准，或许大多数习作都称不上佳作，也未必能成为标本范文，但是有一点，真诚、质朴、贴近生活，弥足珍贵。从生涩的文字里，我们也可以窥探到，他们在写作任务驱动下，真正走进了生活，开始学着跟家人沟通交流，开始关注他人的悲喜，体谅家人的不易，这些零零星星的闪光点，也给了我莫大的信心和勇气。

后　记

关于场景化叙事写作教学的实践探究，我已经坚持了 10 余年，2014 年我申报了课题，于是陆陆续续撰写了一些相关的论文，并开发了一些适合学生写作的写作任务及相配套的写作技法，但是基本上都是零零碎碎，没有形成体系。两年前，我到南雄支教，一个人住在学校图书馆的书库里，自己业余爱好也少，课余时间无处打发，于是便动了写书的念头。我主观上还是想着把零零散散的想法和做法做一个梳理，争取能够让场景化叙事的教学形成一个新的教学体系，并可以进一步论证它的科学性、合理性及可操性。

写作，特别是专业写作其实是我们培养系统思维、提升专业素养的非常有效的途径。诚然，每一次论文写作都充满了艰辛，但是在这个艰辛的过程中，我们会遇到很多之前没有关注的堵点，而在寻求解决途径的过程中往往又能够顺带化解其他的难点和痛点，那种豁然开朗带来的美妙感觉常常让我满怀欣喜，无以言表。

但是，真正尝试这样系统性的写作，我才发现了它的难：顾此失彼、重复赘述、思路不顺、结构散乱、层次不清……一系列问题让我感到心有余而力不足。所以，写作也就断断续续，中途又多次调整思路，调整结构，几乎要放弃。

后来，学校岗位调整，我开始接触行政工作，2022 年调离了学校。

我感觉自己离讲台越来越远，但内心对讲台的向往却越来越强烈，每天身陷各类事务性工作中，只有到深夜，打开电脑时的那种亲近、平静，才是对一天疲惫的最好慰藉。哪怕是半个小时、一个小时的敲敲打打，也会令我有一种充实的愉悦。正是这种体验的陪伴，才加快了这本书的出版面世。

写作教学是一项大工程，叙事类写作教学作为其中的一个分支，也是纷繁复杂的。书中所述，也就是二万五千里长征迈出的第一步。目前只是搭建起了大致的框架，还有很多内容需要进一步优化与充实。比如在写作素材的挖掘方面，这几年我们积累了一些比较不错的写作任务，但总体上来说，距离紧密结合学生的生活实际、直接触动学生的兴趣点，还有很长的路要走。很多素材都是基于我自己的体验和理解，是站在自己的立场上做出的选择。当然，这里主要是我个人的原因，因为性格所限，很难与学生打成一片，虽然自己也一直在努力调整改变，争取与学生走得近一点儿，更近一点儿，但始终还是对学生的生活实际知之甚少。

我们在实施教学中，依托不同类型的场景写作，开发出了一些具体的写作技巧，比如如何区分画面的焦点与背景，如何流畅呈现动作链，如何描写人物外貌，如何利用访问收集素材，如何呈现繁杂场景的繁杂感，如何组合多个场景，等等。但是，对于要全面提升学生的写作能力，目前所具备的技法支撑还远远不够。这就有待在今后实践过程中进一步扩大素材的覆盖面，进一步完善素材的组合结构，进一步清晰单点训练教学与系统写作能力的对应关系。在不断的实践中发现不同问题，针对不同的问题寻求不同的破解方法，充实写作技法资源库，让学生能够各取所需，这是比较理想的状态。

我们一直都强调"寻意"写作教学，并坚信这种思维培养方向是正确的。但是，在写作教学实践中，开展的形式比较单一，对寻意的指导仍停留在具体事情、具体分析上，无法提供有效的原理性指导，也尚未归纳出能够应用推广的教学成果。

还有，在评价机制上的一些设想确实不够成熟，看上去甚至还有些哗众取宠的成分。求新求奇并不是我的初衷，但是面对当前"一锅鲜"式的评价，不尝试着去改变，就无法在根本上解决"教—学—练—评"相脱节的问题。作文本身是一个综合体，分项打分不仅很难，而且与其综合性的本质相冲突。所以，我一直就在矛盾中挣扎。最终在综合考量与权衡下，我们设想从"态度""功底""学用"三个维度进行评价，只能说这种评价中的"学用值"为"教—学—练—评"一体化提供了有效的参照。未来应该会有更好的写作评价方法，只不过我们现在还未曾发现。

总的来说，我对本书所倡导的场景化叙事写作教学非常有信心。经过近几年的教学实践，对比当下我们身边的不同写作教学思想和课例，大言不惭地说，场景化可能是义务教育阶段叙事类写作教学的唯一出路，是真正可以在常态条件下实现真实情节写作的教学路径。不过，书稿质量确实还存在许多不足，除了在上述几个方面还存在研究不够深入之处，自己本身写作能力也亟待提升。写作能力本身不强，既是我下定决心探索写作教学的动机，也是我能够时刻站在学生立场，切身感受学生写作艰难的先天优势，可最终也成了限制我简练清晰、层次分明地表达自己教学主张的能力短板。而专业上储备不够，导致有些专业表达极为吃力，有时候为了表述严谨科学，不得不一边写作一边查阅资料，但即便如此，可能还是不免犯下张冠李戴、望文生义的毛病，以致贻笑大方。

专业成长的路上，我得到了很多前辈贵人的引领和帮助。在去南雄执教之前，柴松方校长便反复叮嘱我，在那边没有家庭琐碎的牵绊，没有行政事务缠身，要静下心来钻研自己的专业，争取出一点儿成果。与柴校长相识于 2019 年，当时我校与东莞中学松山湖学校集团化办学，柴校长到我校兼任校长。一年来，他为学校发展殚精竭虑，办成了许多难以办成的大事。他的担当、勤勉、睿智、大爱，一直深深感动着我，是我心中的楷模和榜样。一年之后，柴校长调离了我校，我们见面的机会少了很多，偶尔联系，柴校长也总不忘鼓励我、提点我，赋予我不断前行的动力。

本课题从立项到结题，历时 4 年，其间东莞市初中语文教研员刘巍老师多次参加课题专题教研活动，并给出了许多宝贵的意见。记得开题之初，我内心忐忑，跟刘老师坦言，课题主张的写作与教材的写作板块难以同步，甚至有些理念相悖，不能兼容。刘老师鼓励我说，写作教学需要尝试不同的方式，需要摆脱常规思路的束缚，既然无法融入国家课程，我们就不妨把它作为校本课程开设，先在实践中检验它的有效性，只要能出效果，这样的课题就很有意义。这也坚定了我继续研究的信心和决心。

在成书过程中，东莞市初中语文名师工作室主持人欧阳伟老师，还有跟我一起在南雄支教的小伙伴们，以及现单位的领导、同事都给了我很大的支持和帮助。往事不再一一细列，就此深表谢意。

有一点心得与大家一起分享，写作能力是可以经过长期写作训练培养起来的。我一直都强调自己的写作能力有限，其实并不是一种客套或者谦虚。从小学到初中，我的作文基本只能做到文从字顺，绝没有让人眼前一亮的只言片语，几乎没有写出被老师当范文宣读的好作文。后来读高中、上大学，就只能惊叹身边同学的好文笔，自己除了必须完成的写作任务和考场作文外，几乎没有勇气动笔。参加工作之后，也不知道从哪里来的"谣言"，夸说我"能写，文笔好"，于是就经常接到一些文字工作，压力之下，也只能老老实实、逐字逐句地打磨，有时候不惜整晚整晚地加班，才能勉强应付了事。这样磨得多了，写作的速度竟然慢慢地提了上去，作品的质量也逐渐好了一点儿。于是，我因为"能写"

就走上了行政岗位，也因为"能写"调离了教学岗位，主要负责材料工作。利弊不论，我真切地感受到了自己在写作上的成长。现在想想，当年的"谣言"可能是大家的一种善意的引导，一来自己是中文科班出身，长相斯文，二来个性内向，寡言少语，三来没有其他特长爱好，除了具备"能写"的可能性外，确实乏善可陈。所以，也感谢每一位不吝夸奖与鼓励的同事、朋友和亲人。不管怎样，从我的个人经历来看，"多写"是"能写"的最好方法——以此作结，与大家共勉。